守護霊インタビュー

朴槿惠《パク・クネ》韓国大統領 なぜ、私は「反日」なのか

RYUHO OKAWA
大川隆法

本霊言の第２章は、2014年2月17日、幸福の科学総合本部にて、
質問者との対話形式で公開収録された（写真上・下）。

まえがき

本書は二度にわたって、朴槿惠《パククネ》韓国大統領の守護霊にインタビューした記録である。二度やった理由は、各国の元首級の守護霊インタビューと比べると、内容と品性に欠けるものを感じたためである。霊言のクレディビリティ（信頼性）を維持するためにも再度真意を確認したかったのである。

結果は、大統領の魂のきょうだいと言われる男性霊も女性霊も、ほぼ同じ内容を語っていた。日本人への恨み、つらみ、反発と、謝罪と賠償金の要求ばかりで、正直言って、残念であった。もう一段大統領としての品格と見識が欲しかったと思う。

大学を首席で卒業して、五カ国語を話せるという才媛《さいえん》が、この程度の「歴史認識」しか持っていないのでは、日本人から尊敬されるのは難しかろう。韓国の教育レベルはまだまだ遅れており、世界から孤立している点では、北朝鮮と大差ないようである。

二〇一四年　二月二十二日

幸福《こうふく》の科学《かがく》グループ創始者兼総裁《そうししゃけんそうさい》　大川隆法《おおかわりゅうほう》

守護霊インタビュー　朴槿恵韓国大統領　なぜ、私は「反日」なのか　目次

第2章　あらためて、朴槿惠大統領の「本心」を問う

二〇一四年二月十七日　収録
東京都・幸福の科学総合本部にて

5　暗殺された母親を思い出すと「つらい…」　296

「霊言現象《れいげん》」とは、あの世の霊存在の言葉を語り下ろす現象のことをいう。これは高度な悟《さと》りを開いた者に特有のものであり、「霊媒現象《れいばい》」（トランス状態になって意識を失い、霊が一方的にしゃべる現象）とは異なる。外国人霊の霊言の場合には、霊言現象を行う者の言語中枢《ちゅうすう》から、必要な言葉を選び出し、日本語で語ることも可能である。

また、人間の魂《たましい》は原則として六人のグループからなり、あの世に残っている「魂の兄弟」の一人が守護霊《しゅごれい》を務めている。つまり、守護霊は、実は自分自身の魂の一部である。したがって、「守護霊の霊言」とは、いわば本人の潜在《せんざい》意識にアクセスしたものであり、その内容は、その人が潜在意識で考えていること（本心）と考えてよい。

なお、「霊言」は、あくまでも霊人の意見であり、幸福の科学グループとしての見解と矛盾《むじゅん》する内容を含《ふく》む場合がある点、付記しておきたい。

第1章

朴槿恵《パククネ》大統領の「反日」のルーツを探《さぐ》る

二〇一四年二月十五日　収録

東京都・幸福の科学　教祖殿《きょうそでん》　大悟館《たいごかん》にて

朴槿惠《パククネ》（一九五二～）

大韓民国《だいかんみんこく》の政治家で、第十八代大統領。一九七九年に暗殺された朴正熙《パクチョンヒ》大統領の長女。西江《ソガン》大学電子工学科を卒業し、フランスのグルノーブル大学に留学中、朴大統領暗殺未遂《みすい》事件が起きて母が死亡したため、その後《ご》はファーストレディー役を務めた。保守のハンナラ党（現在のセヌリ党）代表等を経て、二〇一三年二月、韓国史上初の女性大統領に就任したが、「従軍慰安婦《じゅうぐんいあんふ》」等に関する歴史認識の面で、日本に対する強硬《きょうこう》な姿勢を取り続けている。

質問者　※質問順

酒井太守《さかいたいしゅ》（幸福の科学宗務《しゅうむ》本部担当理事長特別補佐《ほさ》）

小林早賢《こばやしそうけん》（幸福の科学広報・危機管理担当副理事長 兼《けん》 幸福の科学大学名誉顧問《めいよこもん》※）

［役職は収録時点のもの］

※幸福の科学大学（仮称）は、2015年開学に向けて設置認可申請予定につき、大学の役職については就任予定のものです。

1　朴槿恵《パククネ》氏の守護霊《しゅごれい》が「訪問」

幸福の科学　教祖殿《きょうそでん》を〝占領《せんりょう》〟したくて来た「朴槿恵《パククネ》大統領の守護霊《しゅごれい》」

大川隆法　急の収録で恐《おそ》れ入ります。

今日は、朝から雪が降っていて、天候があまりよくないのですが、「朴槿恵《パククネ》大統領の守護霊《しゅごれい》」と称《しょう》する方が幸福の科学　教祖殿《きょうそでん》　大悟館《たいごかん》に来られて、総裁補佐《ほさ》が小一時間ほど相手をしていました。しかし、悪口しか言わないので、内容的には、本当にほとほと参ってしまったのです。

当会は、最近、キャロライン・ケネディ駐日《ちゅうにち》アメリカ大使の守護霊霊言《れいげん》（『守護霊インタビュー　駐日アメリカ大使キャロライン・ケネディ　日米の新たな架《か》け橋』〔幸福の科学出版刊〕参照）や、台湾《たいわん》の李登輝《りとうき》元総統の守護霊霊言（『日本よ、国家たれ！

元台湾総統　李登輝守護霊　魂《たましい》のメッセージ』（幸福の科学出版刊）参照）を録《と》り、本にして出そうとしています。

また、アメリカにある「従軍慰安婦《じゅうぐんいあんふ》の碑《ひ》」のことを、幸福実現党が取材し、問題提起をしていますし、「安重根《あんじゅうこん》記念館」についても問題提起をしています（注。朴槿恵大統領は、中国の習近平《しゅうきんぺい》国家主席と会談し、伊藤博文《いとうひろぶみ》暗殺の犯人とされる安重根の記念碑設置を要請《ようせい》した。その後、二〇一四年一月、安重根記念館が中国のハルビン駅に開館した）。

先日は、フランスの「漫画祭《まんがさい》」で、「韓国《かんこく》のほうの作品だけを見せ、日本の『論破プロジェクト』●のブースは退《しりぞ》けられた」ということがありました（注。フランスの「ア

『守護霊インタビュー 駐日アメリカ大使キャロライン・ケネディ 日米の新たな架け橋』
（幸福の科学出版）

『日本よ、国家たれ！　元台湾総統　李登輝守護霊魂のメッセージ』
（幸福の科学出版）

●論破プロジェクト　正しい日本の歴史を世界に伝えるために活動する任意団体。

ングレーム国際漫画祭」に、韓国側が、従軍慰安婦を描いた作品を出したため、それに対抗《たいこう》して、「従軍慰安婦の強制連行はなかった」とする作品を日本側も出そうとしたが、開催《かいさい》前日に、主催者側から展示ブースの撤去《てっきょ》を命じられた）。

向こうとしては、「一生懸命《いっしょうけんめい》やろうとしていることに、（幸福の科学が）ミートして、打ち返そうとしている」と感じているでしょう。

昨年（二〇一三年）、安重根と朴槿恵大統領守護霊の霊言（『安重根は韓国の英雄《えいゆう》か、それとも悪魔《あくま》か』（幸福の科学出版刊）参照）も出していますし、朴槿恵大統領の父から娘《むすめ》へのメッセージとして、娘をたしなめる霊言（『韓国 朴正熙《パクチョンヒ》元大統領の霊言』（幸

『安重根は韓国の英雄か、それとも悪魔か』
（幸福の科学出版）

『韓国 朴正熙元大統領の霊言』
（幸福実現党）

福実現党刊〕参照）も出しています。ただ、韓国では、なかなか翻訳《ほんやく》させてもらえないらしく、翻訳出版ができずにいるものの、情報はかなり入っているようです。だいたい調べがついていて、「幸福の科学の動きが活発になって以降、どうも、日本のマスコミが強気になって、韓国攻撃《こうげき》をものすごくやり始めている」ということのようです。最近、特に、韓国を批判《ひはん》する言論が盛《さか》んに出始めています。

また、ＮＨＫ会長関連についても、当会は意見を言ったりしています。左傾《さけい》化していた日本にあって、右傾《うけい》化していった安倍《あべ》政権、向こうから見ると「悪い悪い安倍政権」の後ろで、当会が糸を引いているように見え、「悪の根源は、ここだ」ということで、大悟館を〝占領《せんりょう》〟したくて、やってきているらしいのです。

朴槿恵守護霊は、そのようなことを、かなり言っています。

「神」を名乗り、正体不明の朴槿恵守護霊

大川隆法　小一時間ほど話したのですが、正体がよく分かりません。前回来たときには女性だったのですが（前掲《ぜんけい》『安重根は韓国の英雄か、それとも悪魔か』参照）、今

回は男性のように思われます。

韓国の人が名前を名乗っても、日本人には分からないものもあります。朝鮮《ちょうせん》の歴史上の有名人が、日本人にはよく分からないのです。それから、国の歴史についてもよく分からず、どこから始まっているかも分からないので、正体がよくつかめないのです。

そして、ときどき、「神だ、神だ」と名乗ったり、イエス・キリストを例に引っ張ってきたりもするので、もしかしたら、韓国地方の民族神的なものなのかもしれません。ただ、日本人は知らないものなのではないかと思うのです。

ペ・ヨンジュンが演じたテレビドラマ「太王四神記《たいおうしじんき》」には、四人のすごい〝怪物《かいぶつ》〟として、「青龍《せいりゅう》」だの「白虎《びゃっこ》」だのが出てきたのですが、あのようなものかもしれません。何か、そのようなものがいるのかもしれないとは思うのですが、正体はよく分からないのです。

ただ、向こうは、当会を攻撃し、「これが、いちばん悪い」と見ているのです。そして、「このまま行くと、日本全体が『論破プロジェクト』のような感じになり、安倍政権が強気になって、竹島《たけしま》を取り返したりするのではないか」ということを、恐れているのではないでしょうか。

李登輝元総統の守護霊も、朴槿恵大統領については、かなり激しいことを言っていましたが（前掲『日本よ、国家たれ！ 元台湾総統 李登輝守護霊 魂のメッセージ』参照）、それをキャッチはしているようです。韓国は、李登輝さんとも、バトルはかなりあったようなので、彼のことが気に入らないのだと思うのです。

「諸外国からの圧力」と「下からの突《つ》き上げ」を受けている朴大統領

大川隆法　最初は霊を私のほうに入れますが、朝のときのような状態でしたら、ちょっと、言葉があまり美しくはなく、放送禁止用語もたくさん出てくると思われるので（笑）、勘弁《かんべん》いただきたいものです。理由は分からないのですが、なぜか日本語がペラペラなのです。

途中《とちゅう》で、そちら（チャネラー）へ霊を移そうとは思っていますが、理論的に上品に話してくれるのなら別です。

朝には、村山《むらやま》元総理のことも少し言っていました。「村山（元総理）、河野《こうの》（元官房長官《ちょうかん》）、細川《ほそかわ》（元総理）、あのあたりから、日本に土下座《どげざ》をさせることがうまくいっていたのに、最近、逆流してきている」ということも、すごく不満らしいのです。

今回収録する霊言は、公開したほうがよいのではないかと思います。向こうにとっては、「日本の味方をするようなものばかり出して、自分たちの意見を出さないのは、けしからん」と思っている部分もあるでしょうから、それを公開したら、彼らにとって、有利になるか、不利になるか、見てもらったほうがよいのではないかと思います。

私は、「お里《さと》が知れて、恥《は》ずかしいのではないか。大統領の権威《けんい》を守るためにも、黙《だま》っていたほうがよいのではないか」と思うのですが、向こうとしては、言いたいことがたくさんあるのでしょう。

諸外国からの圧力と日本からの圧力は、要するに、朴大統領に「もう黙れ」ということです。「外国へ行って余計なことを言うな」という圧力がかかっていますし、韓国内でも下からの突《つ》き上げがそうとうあるようです。

そのため、タイのインラック首相のように、何か、〝やられそうな感じ〟になってきているのだろうと思います。

もしかしたら、韓国の当会の信者も、いろいろなことをゴソゴソとやっている可能性もあるのですが、当会発信の情報は、いろいろなかたちで、そうとう韓国にも入っているように感じられます。

韓国《かんこく》大統領、朴槿恵氏の守護霊を招霊《しょうれい》する

大川隆法　そのへんを前置きにして、始めたいと思います。

当会のほうでも、質問者として、口の立つ方を二人、用意しています。あちらの方と話すには、口が立たなくてはならないのです。

今回、私の体に霊《れい》を入れて話をさせるのは、少しつらいので、最初だけ、導入部分だけ、やらせていただきます。

前回は、安重根の霊言を収録しているとき、途中から朴槿恵守護霊が入ってきたの

であり、最初から朴槿惠守護霊を呼んだわけではなかったのですが、今回は正式にお呼びしたいと思います（笑）。

（合掌《がっしょう》する）

韓国《かんこく》の朴槿惠大統領の守護霊には、幸福の科学についてのご意見と、安倍政権や日本のマスコミ、元首相など、いろいろなことについてのご意見がおありのようでございますし、大川隆法個人への批判もそうとうあるようでございます。

私としては、当会の〝本の質〟を考えると、「（この方の霊言を本にするのは）どうかな」と思うところはあるのですが、「言論の自由」はございますので、いちおう、そのお言葉を紹介《しょうかい》して、日本のみなさんや外国のみなさんがどう判断されるか、見てみたいと思います。

（瞑目《めいもく》する）

それでは、朴正熙元大統領の長女にして、今、韓国の第十八代大統領を務めておられます、朴槿惠さんの守護霊をお呼びしたいと思います。

朝から来ておられましたので、その方でも結構ですし、守護霊として、(「魂のきょうだい」のうちの)ほかの方が適切なら、その方でも結構ですけれども、幸福の科学教祖殿に降りたまいて、言いたいことを、どうぞ言ってください。

当会のほうには、お相手をする用意がございますので、よろしくお願いします。

(約十秒間の沈黙《ちんもく》)

2 「米中韓同盟《べいちゅうかん》」で日本をやっつけたい

朴大統領にまつわる「三冊の霊言集《れいげんしゅう》」を刊行したことの効果

酒井　おはようございます。

朴槿恵守護霊　「おはようございます」じゃないでしょ？

酒井　では、グッドモーニング（会場笑）。

朴槿恵守護霊　まず謝罪から入りなさい、謝罪から！

酒井　あなたに謝罪ですか？　それは、「前回は、脇役《わきやく》で申し訳なかった」というところでしょうか？（『安重根《あんじゅうこん》は韓国《かんこく》の英雄《えいゆう》か、それとも悪魔《あくま》か』を見せながら）われわれとしては、安重根とあなたの写真を並べて、よかったと思っていたのですが……（注。二〇一三年六月二十九日、安重根の霊《れい》を呼び出し、霊言《れいげん》を行ったが、途中《とちゅう》から朴槿恵大統領守護霊が割り込《こ》んできた）。

朴槿恵守護霊　その本、よくないねえ。それが出てから、日本のマスコミが、安重根の碑《ひ》を問題視して……。ねえ？　普通《ふつう》なら、「大変だ、大変だ」と言って騒《さわ》いで、政府に謝罪させるところを、その本が出てるもんだからさ。「安重根が地獄《じごく》へ堕《お》ちてる」っていうような内容で……。

それと、ちょっとよくないのは、あの……。

酒井　お父様の本ですね？（前掲《ぜんけい》『韓国　朴正熙《パクチョンヒ》元大統領の霊言』参照）

朴槿恵守護霊　父親のやつと、この〝二発〟が効いてて……。

酒井　お父様とは、その後、話されたのですか？　あなたにメッセージを遺《のこ》されていましたけれども……。

朴槿恵守護霊　「親子の断絶」っていうのがあるわよお。

酒井　「韓国は、ヒトラー状態になっている」と……。

朴槿惠守護霊　韓国が〝ヒトラー〟？

酒井　ええ。

朴槿惠守護霊　何言ってんだよ。ヒトラーは、あんたみたいな顔してんじゃない？

酒井　「日本人をユダヤ人化して攻撃《こうげき》している」「中国と手を切って、韓国・アメリカ・日本で協同したほうがよい」というメッセージだったのですが、それは、届きましたか。

朴槿惠守護霊　〝じじい〟は、もうどうでもいいのよ。そんなもん……。

酒井　いいんですか？

朴槿惠守護霊　ああ。私も、ええ年なんだから、そんなのどうでもいいのよ。

「幸福の科学の解散」が今回の霊言《れいげん》の目的?

酒井　ただ、私が少し気になるのは、最近、あなたの顔が、すごく……。

朴槿惠守護霊　あんたに言われたくないわあ(会場笑)。おたくには、鏡がないんだろう? ええ?

酒井　ただ、何だか、最近、あなたの写真写りがトゲトゲしく……。

朴槿惠守護霊　「あんたに言われたくない」って言ってるのが分からないの? ここには、鏡がないんか? ほんとに……。

酒井　もしかしたら、最近、すごい悩《なや》みがあるのではないですか。

朴槿惠守護霊　ええ? 「悩み」っていったら、そらあ、一国の重みを背負ってんだから、それはあるだろうよ。

酒井　重みに耐《た》えかねた、そうとう苦しい顔をしているんですよね。

朴槿惠守護霊　ああ、苦しいのは、あんたも一緒《いっしょ》よ。その顔は、ほんとに苦しいから……。

酒井　いや、顔が苦しいのではなくて、あなたの心が……。

朴槿惠守護霊　顔がついてること自体が苦しいだろうが？　ええ？

酒井　いやいや。そういうことを言ってはいけないですよ。一国の大統領であり、ソウルの聖心《せいしん》女子高校出身のお嬢《じょう》様が。

朴槿惠守護霊　そらあ、心は美しいんだよ。心は。

酒井　それで、要するに、今日は、何をおっしゃりに来たのですか。

朴槿惠守護霊　だから、おまえら、早く解散しろよ。もう解散だ。ほんとに。

酒井　何を解散するのでしょうか。

朴槿惠守護霊　うーん、（創価《そうか》）学会《がっかい》じゃない。これは何だ？　それは、「何とかのインチキ科学」や。早く解散しろよ。

小林　まあ、「信教の自由」がありますからね。

朴槿恵守護霊　ない！

小林　ほう！　ない!?

朴槿恵守護霊　ない！　そんなもんは、ないわあ！

小林　ああ、その一言《ひとこと》は、韓国憲法違反《いはん》なのですが、それでも、いいんですね？

朴槿恵守護霊　そんなもん、ない！

小林　ほう！　それが本音ですか。

朴槿恵守護霊　おまえらのは、これは、「悪魔の自由」だから、こんなものはないんだ！

小林　悪魔の自由ね。それは、統一協会《とういつきょうかい》に返したい言葉だけれども……。

朴槿恵守護霊　今、ここ（幸福の科学）に、日本の悪魔が集結してるんだろうが。

「軍部との意見のずれ」で指導力を疑われる韓国《かんこく》大統領

小林　先ほど、酒井のほうから、「つらそうだ」と、指摘《してき》がありましたけれども……。

朴槿惠守護霊　本当につらそうな顔してるから……。

小林　いやいや。あなたが、です。

朴槿惠守護霊　首を、引っこ抜《ぬ》いてやりたいぐらいよ、ほんと。

小林　ちょっと、いいですか？

朴槿惠守護霊　首がないと、ほんと、スッキリするだろうが？

小林　あなたは、外交部から、かなり突《つ》き上げられているでしょう？　「いいかげんにしてくれ」って。

朴槿惠守護霊　あんた、そりゃ、どこの外交部やねん？

小林　いや、おたくの外交部です。

朴槿恵守護霊　ああ、うちの外交部？　うちの外交部は、それは〝両方〟あるから、何とも言えんけども、まあ、ちょっと、日本がねえ……。日本は、おとなしかったんだからさあ。あの、マユゲのおっちゃん、あれは、何だっけ？

酒井　村山《むらやま》さんですか？

朴槿恵守護霊　ああ。村山だの、細川《ほそかわ》だの、河野《こうの》だの、彼らは、もう、ただただ謝《あやま》ってるから、金をせびれるような状態だったのがさあ、もう、下手したら、なんか、竹《たけ》島《しま》のことを考えたら、上陸しかねないような言い方じゃないか？

小林　ただ、一言《ひとこと》言わせていただくと、結局、竹島のまねを、中国が尖閣《せんかく》でやったんですよ。だから、そのことに関しては、おたくさんから謝罪があるべきで、こちらが、いろいろ言われる筋合《すじあ》いはないんですけれども。

それで……。

朴槿恵守護霊　何よ。私は、中国・アメリカ・韓国《かんこく》で三国同盟を結んで、日本をやっつけることを考えてるんだから。

小林　ああ。それは、亡国《ぼうこく》の同盟ですね。

朴槿恵守護霊　亡国……。

小林　それで、質問なのですが……。

朴槿恵守護霊　うん?

小林　外交部からも、国防部というか、軍部のほうからも、「ちょっと、いいかげんにしてくれないか」という声が届いているでしょう?

朴槿恵守護霊　ちょっとなあ、何という言葉を言ったかは知らんが、まあ、おまえらから見りゃ、保守派なんやろうけども、「日本と仲良くしたほうが、うまいことといく」と考えたやつもおることはおるからなあ。

小林　そうですよね。

朴槿恵守護霊　私だって、襲《おそ》われたことはあるからさあ。うちの国は物騒《ぶっそう》な国やからねえ、ほんと。最近、私も暗殺を恐《おそ》れとるんや。

軍部は特に気をつけないかんからさあ。軍部は、武器を持っとるから……。

小林　軍部のほうが、まっとうな判断をし始めましたからね。

朴槿恵守護霊　うーん……。

酒井　それで、この間《あいだ》、韓国の国防部長官が、「日本の集団的自衛権は、日本が決める問題だ」と発言したと。

朴槿恵守護霊　わしの許可なしに、なんで、そんなことを言うのよ。

酒井　国会で、そう発言しているんですよ。

朴槿恵守護霊　わしの許可を取ってへんだろう？　そんなもん。

酒井　なぜ、許可を取らずにそんなことが起きるのですか。

朴槿恵守護霊　日本を丸裸《まるはだか》にせないかんのだ、本来はな。だから……。

酒井　あなたは、指導力を疑われていますよ。

韓国《かんこく》が、北朝鮮《きたちょうせん》の軍隊や核《かく》より恐《おそ》れるものとは

朴槿恵守護霊　問題は北朝鮮《きたちょうせん》だけなんだ。北朝鮮だけは、どうしようもない。あれは、どうにもできないけども……。

酒井　ご存じですか？　北朝鮮が、また坑道《こうどう》を掘《ほ》り始めていて、核《かく》実験をしようとする動きが出ているんですよ。

朴槿恵守護霊　「あれ（北朝鮮）が勝つ」なんていうことが、もうないのは分かってるけどね。どう見たって、あの国が破裂《はれつ》して崩壊《ほうかい》するのは、もう時間の問題だ。この前のクーデターじゃないけど、叔父《おじ》さん（張成沢《チャンソンテク》）をぶっ殺したあたりから、もう、あれは先が短いのよ。

小林　ただ、おたくの野党にまでスパイが入り込んでいて、真《ま》っ青《さお》になって逮捕《たいほ》しましたよね？　ずっと浸透《しんとう》されているでしょう？

朴槿恵守護霊　まあ、それは、お互《たが》い様やけど、うーん。

いやいや、軍隊なんか、そんなに怖《こわ》がってないんだけどねえ、あの国の国民が二千万人、難民になってなだれ込んできたときには、うちはたまらんからな。そらあ、二千万人も飯《めし》の食えない連中が入ってきたら、日本から金でも巻き上げんかったら、どうにもならんでしょうが。

酒井　本当に軍隊が怖くないのですか。

朴槿恵守護霊　ええ？　あんな、飯も食っとらん軍隊なんか、どうってことないわよ、そんなもん。

酒井　だって、核があるではないですか。

朴槿恵守護霊　え？　それは、自分たちが自爆《じばく》するだけだよ。

小林　これは、本当に、韓国《かんこく》語に訳してスプレッドしたいですね。「ああ、大統領はこういう認識か」と。

そうすると、本当に軍部は、真っ青になりますよ。

朴槿恵守護霊　いや、「怖い」っていうのは、だから、軍事的には、全然、怖くない。

小林　ほう？

朴槿恵守護霊　ただ、あそこが経済的にパンクして破裂し、三十八度線を越《こ》えて、難民が、〝餌《えさ》〟を求めて、バァーッと南のほうになだれ込んでくるのがいちばん怖いのよ。海からでも来れるからねえ。これが怖いんだよ。

『北朝鮮の未来透視に挑戦する』（幸福の科学出版）

3 「日本は三兆円持ってこい」

経済界やマスコミからも批判される朴大統領の反日外交

酒井　まあ、それはそうですけど、その前に、アメリカが引いたら、どうします？

朴槿恵守護霊　今、アメリカが引かんようにやってるのに……。おまえらが、なんか悪いことをたくさんするからさあ。アメリカ本土と……。

酒井　いや、あなたが、日韓米《にっかんべい》の……。

朴槿恵守護霊　おまえらは、ヒトラーの子孫なんだから、それをちゃんと認めろよ。

酒井　子孫ではないですよ。

朴槿恵守護霊　ヒトラーの子孫だから、アメリカは原爆《げんばく》を落としたんだ。そこで（米韓は）共闘《きょうとう》してんだからさあ。

酒井　ヒトラーは、黄色人種《おうしょくじんしゅ》を差別していたということですから、子孫ではないんですよ。

朴槿惠守護霊　ああ？　子孫、いや、同類項《こう》だという……。うーん、まあ、同類や。

小林　同類項は、あなたのほうなんだけれども。

もう一つ、角度を変えて言うと、先ほど経済の話をしたので、経済の問題で言いますが、経済界のほうからも、だいぶ言われているでしょう？　「ちょっと、いいかげんにしてくれないか」と。

朴槿惠守護霊　うーん、ちょっとな。いやあねえ、わしが悪いわけじゃないけど、円安で、ちょっとなあ……。

小林　（笑）そうやって、全部、人のせいにするんですね。

朴槿惠守護霊　円安が悪いよなあ。うーん、円安がいかん。

小林　まあ、円は正常化しただけの話で、その前の円高で儲《もう》かりすぎていただけです。

朴槿恵守護霊　うーん。

小林　ただ、いずれにしても、いろいろな部品の大半を、日本から買っていて、それがなければ韓国の産業は成り立たないわけだから、「ちょっと、いいかげんにしてくださいよ」と、そうとう言われてるでしょう？　「バランス感覚がなさすぎる」って。

朴槿恵守護霊　ああ、日本人が、韓国を敬遠《けいえん》し始めてんのは、事実だわなあ。ついこの前の韓流《ハンりゅう》ブームのときは、日本人観光客が来て、仲良くしようっていうあれはあったけど、あっという間《ま》に、潮が引くみたいな感じになってきたから……。

小林　ああ。それで、マスコミからも批判されていますよね？　三大紙から。

朴槿恵守護霊　うーん……。

小林　つまり、今、あなたは、韓国の国内で四面楚歌《しめんそか》状態なんですよね。

朴槿恵守護霊　日本の韓国料理店とか、韓国の店あたりも、みんな、潰《つぶ》れかかってるところばっかりだし、もう潰れたところもいっぱいあるからさあ。朝鮮人参店《ちょうせんにんじん》とか……。

小林　そうですよね。

朴槿恵守護霊　こんなのでは困るからさあ、まあ、経済界の金儲《かねもう》けのやつらには信念がないからねえ。そう言うとるわねえ。

日本から巻き上げようとしている三兆円の「使い途《みち》」

小林　でも、国民を富ませるのがあなたの仕事だから、やはり、あなたは判断を間違《まちが》えているんですよね。

朴槿恵守護霊　いや、日本から金を引き出そうとしてるんで、こっちも〝経済行為《こうい》〟はちゃんとやってるんだからさあ。日本は謝罪すりゃ、金を出すんだから。

小林　要するに、「ゆすりたかりをしたい」ということなんですね？

朴槿恵守護霊　うん、まあねえ、三兆円だね、三兆円。

小林　ええ？　今、「まあね」と言いましたね。それは英語に訳すと、「イエス」という意味なんですけども、要するに、「ゆすりたかりをしたい」と？

朴槿恵守護霊　いや、三兆円ぐらい〝予備資金〟をもらわんと、北朝鮮対策に困るんだけど……。

酒井　国内を経済的に繁栄《はんえい》させるのが、あなたの仕事でしょう？　「ゆすりたかり」があなたの仕事ではありません。

朴槿恵守護霊　いや、そんなんは、難しい。面倒《めんどう》なことを言わんと、お金は日本にあるんだからさあ、三兆円ほど……。日銀がお金を刷って刷ってしてんだろ？　だから、日本の、その〝溢《あふ》れた血〟を抜《ぬ》いて、血圧を下げてやるから、三兆円ほど、こっちへ持ってきなさい。

酒井　ああ、なるほど、分かりました。では、われわれに対する怒《いか》りは、「その三兆円が取れなくなるではないか」ということでしょう?

朴槿惠守護霊　三兆円ぐらいあったら、北がなだれ込《こ》んできたときに、何とか、炊《た》き出しする金ができる。バラックを建てて、炊き出ししなきゃいかんからさあ。

酒井　要するに、「脅《おど》そうとしているのに、余計なことをするな」と?

朴槿惠守護霊　うーん、ほんとに、北も狂《くる》っとるんは狂っとるんだけど、おまえらも狂っとるからさあ。うちの世界正義に基《もと》づく行動を邪魔《じゃま》して歩いてる。

中国と組めば、韓国《かんこく》の未来は明るいのか?

小林　だけど、先ほどからの発言は、「狂った中国」の代弁者になっているのですけれども、そこはどうなんですか。

朴槿惠守護霊　狂った中国?　なんで中国なの。

小林　「中国と組めば、韓国《かんこく》の未来がある」と思っているんですか。

朴槿恵守護霊　それは、最後はね。

まあ、もうちょっとすりゃあ、中国が、世界最大の債権国《さいけんこく》にして、軍事大国になるのは間違いないから……。

小林　前回、ここに乱入されたときも、いわゆる、世界情勢や国際情勢に関する見識の完璧《かんぺき》な欠如《けつじょ》が露呈《ろてい》したのですけれども……（前掲《ぜんけい》『安重根《あんじゅうこん》は韓国の英雄《えいゆう》か、それとも悪魔《あくま》か』参照）。

朴槿恵守護霊　完璧な欠如……。

小林　ええ。今の発言は、ますます英語に訳したくなりますよ。今の中国を見て、「もうまもなく、世界最大の経済大国になる」と、いまだに信じてるって……。

朴槿恵守護霊　それは、そうでしょう。

小林　そうとうずれていますね。

朴槿恵守護霊　いや、私には、時代認識がちゃんとありますよ。

小林　ほう！

朴槿恵守護霊　今、二〇一四年でしょう？　合ってるでしょ？　間違ってるか？　ちゃんと合ってんだろう？

小林　ええ。二〇一四年は合っています。

朴槿恵守護霊　だから、そういう、迷った人間じゃないんだ……。え？　二〇一四年？　え？　違うかった？

小林　二〇一四年は合っていますよ。

朴槿恵守護霊　ああ、合ってるな？　だから、二〇一六年には、中国経済がアメリカを追い越《こ》すんだよ。あと二年ちょっとだよ。

小林　その〝大本営《だいほんえい》発表〟を真《ま》に受けているわけですか？　世界中のアナリストたちで信じている人なんか一人もいませんよ。

朴槿恵守護霊　二〇一七年には、もう、中国は世界一になっとるんだよ。

小林　ほう。それも韓国の経済界の人に教えてあげたいですねえ。こういう経済認識で国家運営をしていたら、いかに危《あぶ》ないかっていうことを。

あなたの、その判断力のなさのために、周りから四面楚歌になっているんですよ。

朴槿恵守護霊　いや、まあ、中国も、北朝鮮を見放し始めてはおるらしいからさあ。そのへんの意図について、もうひとつよく分からんところはあるんだけど、ちゃんと、あと、フォローしてくれるように言うてはいるんだけどねえ。

小林　見放し始めていますね。

朴槿恵守護霊　なんでか、よう分からんのだ。あれがどういうことなのかが、もうひとつ分からんのだが……。

小林　それについて、分析《ぶんせき》できないんでしょう?

朴槿恵守護霊　うーん……。

でも、世界一の経済大国になったら、北朝鮮の面倒ぐらい見てやりゃあいいじゃないか。なあ?

小林　うーん。

朴槿惠守護霊　なんで見放し始めてんのか、ちょっと分からんのだよ。なんか、おかしい……。

小林　それが分析できていないということは、あなたの国の安全保障の、いちばん大事なところに関して、洞察《どうさつ》ができていないということですよ。

朴槿惠守護霊　うーん。

小林　中国を頼《たよ》っても、北朝鮮を抑《おさ》えてなんかくれません。

米《べい》・韓《かん》・中《ちゅう》同盟を結ぶための「条件」とは

朴槿惠守護霊　だから、中国はだねえ、アメリカに対しては最大の債権国で、米国債をたくさん持ってるから、実際上、アメリカは中国の奴隷《どれい》になっとるわけだ。

小林　それを真に受けているわけですね？　ただ、アメリカが資産凍結《とうけつ》したら、中国の持っている債券なんて、一秒で、全部、紙くずになるんですよ。それは、大統領令を一本、アメリカが出したら、それで終わりなんです。

朴槿惠守護霊　何？　オバマは四月に謝《あやま》りに来るんだから、そんなことはないだろう？

酒井　「謝りに来る」って（笑）、あなたが無理やり、呼んだのではないですか。

小林　韓国《かんこく》だけパッシングされそうになったから、土下座《どげざ》して頼《たの》み込んで、一日間《あいだ》を空《あ》けて、入れさせてもらっただけでしょう？

朴槿惠守護霊　そうだけど……。

小林　すり替《か》えないでくださいね。

朴槿惠守護霊　日本の長崎《ながさき》・広島《ひろしま》なんかへ行かれて、謝罪されたら大変なことになるからねえ。邪魔せないかんのだからさあ。

小林　でも、昨日《きのう》の読売新聞によると、オバマさん本人は、広島へ行きたかったみたいですね。

朴槿恵守護霊　いやあ、それは行ってほしくない。

小林　それで、アメリカの国務省が慌《あわ》てて止めたというような記事を書いていましたけれども。

朴槿恵守護霊　大統領を辞《や》めてからにしてもらいたいね。

小林　要するに、そういう考え方も、アメリカのほうには出てきているわけなんですよ。

朴槿恵守護霊　うーん、そんなことをされたら困るからねえ。

酒井　なぜですか。

朴槿恵守護霊　「日本は悪魔の国」という共通認識を持つことで、米・韓・中が同盟を結べるんだ。日本を敵にすれば結べるんだから。

小林　その点も、キャロライン・ケネディの霊言《れいげん》で明らかになりましたけれども、「そのフィクションが間違っていたのではないか」ということが、今、だんだん明らかになってきていますからね（前掲『守護霊インタビュー　駐日《ちゅうにち》アメリカ大使キャロライン・ケネディ　日米の新たな架《か》け橋』参照）。

朴槿恵守護霊　米国大使館は、ＮＨＫが偏向《へんこう》して、右翼《うよく》化してきてるから、大使への取材を、正当な世界的標準の正義に基づいて拒《こば》み始めているのに、おまえらが変な本を出して、また逆洗脳をかけようとしている。だから、この悪いカルトはどうにかせんといかんのだよ。

4 「従軍慰安婦《じゅうぐんいあんふ》」は〝たかり〟の材料

原爆《げんばく》は「まず、皇居から落とすべきだった」？

酒井　「悪いカルトはどうのこうの」というよりも、原爆《げんばく》に関して、あなたは、「そこ（広島《ひろしま》・長崎《ながさき》）は行ってはいけない」という言い方をしましたよね？

朴槿恵守護霊　それはまずいだろうよ。

酒井　それは、やっぱり悪いことですね？

朴槿恵守護霊　え？　何？　何が悪いの？

酒井　原爆投下は悪いことなんですよね。

朴槿恵守護霊　いやあ、それはねえ、「一発しか落とさなかったのは悪い」っていうことだな。

酒井　いやいや、何を言っているんですか。

朴槿恵守護霊　ああ。皇居から落とすべきだよ、まずは。一発目は皇居で、天皇陛下の真上から落として……。

小林　なるほど。それで？

朴槿恵守護霊　そりゃあ、まあ、当然、名古屋《なごや》・大阪《おおさか》をやらないといかんわなあ。

小林　なるほど、なるほど。

朴槿恵守護霊　京都《きょうと》にも落として、もう、「日本の歴史」を〝丸焼き〟にすべきだよね。京都に落として、奈良《なら》に落として、広島・長崎には、もうそのあとでいいじゃないか。

小林　なるほど。ああ、そうですか。

朴槿恵守護霊　広島には軍港があったから、あれだけども、まあ……。

酒井　それはいいこと？

朴槿惠守護霊　もちろん、いいことですよ。

小林　これは、〝いい〟コメントですから、しっかり英語にして、全世界にスプレッドさせていただきます。

朴槿惠守護霊　いいことですよ。当たり前だ。二発しか落とさんかって……。

小林　それが悪いことなの？　ほう！

朴槿惠守護霊　それも、あんな、田舎《いなか》の広島なんか、もう、爆撃《ばくげき》をだいぶしてたから、ほとんど駄目《だめ》で、機能はしてなかったのにな。

だけど、軍港があったからさあ、もともと、広島に。だから、落としても、国際的世論《せろん》の批判を受けないと思って落としたし、長崎もそうだよな。「軍港があったから、落としても構わんだろう」ということで、そのへんで日和見《ひよりみ》をして落としたのよ、あんなとこだけど。

本当は、東京を〝丸焼き〟にしたあと、皇居がまだ焼けとらんのだから……。

酒井　では、オバマ大統領は、広島・長崎に行っても、別に関係ないではないですか。いいことなんだったら。

朴槿惠守護霊　いやいや。謝罪されたら困るでしょう？

小林　要するに、「皇居に原爆を落とす」ということは、天皇家を断絶させたいわけですね？　簡単に言うと。

朴槿惠守護霊　天皇家断絶って、どういうことよ、それ。

小林　つまり、日本の皇室を消滅《しょうめつ》させたいわけですね？　一言《ひとこと》で言えば。

朴槿惠守護霊　皇室を消滅って、皇室って何よ？　あんなの。何だ？　〝非合法酋長《しゅうちょう》の歴史〟……。

小林・酒井　非合法酋長!?

朴槿恵守護霊　倭寇《わこう》の親分でしょうが。

小林　倭寇の親分？　おお！

朴槿恵守護霊　海賊《かいぞく》の酋長じゃない？

小林　海賊の酋長？　ほお！

「従軍慰安婦《じゅうぐんいあんふ》」は「三兆円」をゆすり取るための交換《こうかん》材料だった？

酒井　ちょっと待ってください。

朴槿恵守護霊　え？

酒井　あなたに、「合法」「非合法」を語る権利がありますか。

朴槿恵守護霊　そりゃあるよ、大統領なんだから。

酒井　そもそも、なんで三兆円が取れるんですか。

●**倭寇**　13世紀から16世紀にかけて、朝鮮半島や中国の沿岸などを荒らした海賊的集団の呼び名。前期倭寇は日本人が主だったとされるが、後期倭寇は、中国人が多数派で諸民族を含むとされる。

朴槿恵守護霊　いやあ、「そのくらい欲《ほ》しいなあ」と思うから。私が思ったことは〝法〟なのよ。

小林　うおっ！（笑）

酒井　それでは、あなたは、「人治《じんち》」ではないですか。

朴槿恵守護霊　大統領令よ。

小林　すごいねえ。これは、完璧《かんぺき》に、習近平《しゅうきんぺい》と一体化している発想だね。

朴槿恵守護霊　だから、従軍慰安婦《じゅうぐんいあんふ》なんかどうでもいいんだけど……。

小林　本当は、「どうでもいい」わけですね？

酒井　嘘《うそ》なんだ、やっぱりね。

朴槿恵守護霊　いやいやいや。まあ、交換《こうかん》材料だよ。

小林　お金との交換材料ね。

朴槿恵守護霊　うーん、だから、あれを引っ込《こ》めてやるからって、それで嫌《いや》がらせしてるんだから、今、一生懸命《いっしょうけんめい》。

酒井　嫌がらせしているんだ？

朴槿恵守護霊　そりゃそうだ。慰安婦の像、どうですか？　嫌でしょう？　あんたがた、アメリカ人や、世界の人に見られたら、嫌でしょう？　だから、「撤去《てっきょ》してやるから、三兆円よこせ」っていうこと。

酒井　要するに「脅《おど》し」だ。

小林　三兆円のためのネタだったわけだ。

朴槿恵守護霊　うーん、そうそう。そういうことです。「当座のしのぎに三兆円よこせ」ということ。

酒井　あ、そういうことですね。

「日韓請求権協定《にっかんせいきゅうけん》」など関係ない？

酒井　だけど、「合法」「非合法」で言えば、「日韓請求権協定《にっかんせいきゅうけん》」というものがあって、払《はら》わないのが「合法」なのですよ。

朴槿恵守護霊　そんなことは、関係ないんですよ。

小林　要するに、国際法も国際条約も全然知らないし、関心がないと？

朴槿恵守護霊　私が決めたものでないものは関係がない。

小林　あ、関係ないと？　それでは習近平と言っていることがまったく同じで、それが世界中から鼻つまみにされている理由なんですよ。

朴槿恵守護霊　え？　私がつくったものは私のものですけど。韓国の大統領は、辞《や》めたら終わりなんだから。

殺されるか、逮捕《たいほ》されるか、逃亡《とうぼう》するか、自殺するか、まあ、ほかにないんだよ。

酒井　では、非文明国ですよね。

朴槿惠守護霊　そんなのは……。

酒井　要するに、明治維新《いしん》の前、日本が植民地化されそうになったときに、最初にやらなくちゃいけなかったのは、その法律ですよ。法治《ほうち》国家をつくることだったんですよ。

朴槿惠守護霊　なーんだよ。古代に、日本に文化を伝えたのは韓国なんだからさあ。

小林　また、そういうことを言って。

朴槿惠守護霊　え？　日本に律令《りつりょう》国家ができたのは、韓国が……。

あくまでも三兆円にこだわる朴槿惠守護霊

小林　今日は時間がないから、その論点には入らないけれども、それは、また別途《べっと》、全部、論破しますので、本題に戻《もど》りましょう。

朴槿恵守護霊　あ、従軍慰安婦・三兆円？

小林　うん。要するに、「従軍慰安婦で三兆円脅したい」と？

朴槿恵守護霊　安重根《あんじゅうこん》（義士《ぎし》記念館）が、うまいことといったら、中国と共同で請求するから、また、ちょっと上乗《うわの》せ……、まあ、予備として、あれはちょっと……。

小林　ああ、要するに、「ゆすりたかりのネタだった」ということを……。

酒井　なんで、二兆円とか四兆円ではなくて、三兆円なのですか。

朴槿恵守護霊　まあ、軍事的にも、少し消耗《しょうもう》するし、食料費と、その他、難民のキャンプをつくらないといけないからな。あなたがただって、東北の大震災《だいしんさい》のときには、避難《ひなん》のあれをたくさんつくっただろうがあ。え？

酒井　いや、だけど、日本を外したら……。日本は、ある種の兵站《へいたん》基地になっていくわけですよ。

朴槿恵守護霊　村山《むらやま》を、もう一回、総理に戻せよ。そしたら、三兆円ぐらい出てくるから。

酒井　もう、村山は無理でしょう?　あの顔を見て、できると思いますか。

朴槿恵守護霊　元気いっぱいだ。韓国まで飛んでくるのだから、まだ大丈夫《だいじょうぶ》だ。

酒井　「元気いっぱい」って、あれで何かできると思いますか。

朴槿恵守護霊　大丈夫、大丈夫。謝罪はできる。

酒井　うん。とりあえずね。だけど、あなたは日本を外したいんでしょう?　日本を外して、中韓米で北朝鮮《きたちょうせん》と戦うと思います?

朴槿恵守護霊　「内閣全員一致《いっち》で従軍慰安婦を認めて、謝罪した」って、元総理が言ってるんだからね。

小林　それは、実は嘘っぱちなんですけどね。

そのときの経緯《けいい》を言えば、村山氏は、手続きを全部、すっ飛ばして、いきなり閣議の場に出てきたため、「奇襲攻撃《きしゅうこうげき》された」と、あのときの閣僚《かくりょう》たちが、みんな言っていましたからね。

朴槿恵守護霊　口だけだからな。

小林　だから、そういうことを言ってはいけない。

朴槿恵守護霊　来る以上、お土産《みやげ》を持ってこなければいけない。手土産が必要なのよ。

小林　別に、政府特使でもあるまいし、そんなものは要《い》らないですよ。

朴槿恵守護霊　ええ？　だから、日銀が、たくさんバブルを……。

小林　分かった。要するに、〝カツアゲ（恐喝《きょうかつ》）〟をしたいわけだ。

朴槿恵守護霊　そういうことだよ。

小林　あ、そういうことですね。分かりました。

朴槿恵守護霊　カツアゲっていうか、いろいろ……。

朴槿恵と日本の「平和勢力」とをつなぐルートとは

酒井　村山は、誰《だれ》が呼んだのですか。

朴槿恵守護霊　え？　誰が呼んだって。野党だろう？

酒井　野党だけではないです。

朴槿恵守護霊　私ではない。野党だ。

酒井　呼んでない？　あなたは、日本のどことつながってます？

朴槿恵守護霊　どことつながってるって、日本の〝正しい平和勢力〟とはつながってますよ、当然。

酒井　日本に平和勢力があると？

朴槿恵守護霊　もう平和勢力が強かった時代が長かったわなあ。

酒井　ほう。それは例えば？

朴槿恵守護霊　例えばったって、それはもう、平和勢力は全部だよ。原発を止《と》めようとしてる人も平和勢力だし、もちろん軍国主義を止めようとしているのも平和勢力だし、集団的自衛権だとか、憲法改正だとか、そんなのを止めようとしてるのも平和勢力だし、韓国の大学教授になって逃《に》げてくるやつも平和勢力だし。

酒井　ほおお。

朴槿恵守護霊　まあ、朝日《あさひ》新聞なんていうのは、〝朝日《ちょうにち》新聞〟と言われるだけあって、ほんとに実にいい新聞で、もう日本の良識の代表だね。あれをねえ、教科書に使えばいいんだよ。

酒井　なるほどね。

小林　うん。確かに、村山談話は、朝日新聞が代筆したみたいですからね（『「河野《こうの》談話」「村山談話」を斬《き》る！』〔幸福の科学出版刊〕参照）。

朴槿恵守護霊　いやあ、それは知らんけど、日本の良心だからねえ、あれが。

酒井　では、今も、あなたとホットラインはあるのですか。

朴槿恵守護霊　いやあ、ホットラインっていうか、まあ、韓国の教授に来れるぐらいだからねえ。それはどこかでつながってるわねえ。

小林　それは若宮《わかみや》さん（若宮啓文《よしぶみ》・前朝日新聞主筆）のことでしょう？

朴槿恵守護霊　まあ、それは、どこかでずーっと地続きだわな、何十年かはなあ。

小林　そうすると、「若宮ルート」が生きているわけですね？

朴槿恵守護霊　戦前は、朝日がやっぱり煽《あお》っ

『「河野談話」「村山談話」を斬る！』
（幸福の科学出版）

2012年9月20日、若宮啓文・朝日新聞主筆（当時）の霊言を収録した。
（幸福の科学出版）

て戦争をして、日本がボロボロに負けたから、戦後、朝日は謝罪を出発点にして始まったわけだな。それから、ずーっと朝鮮が何……、いやいや、韓国がいったい何をやっても、とにかく、韓国のもんだった。若宮なんて、あんた、「竹島《たけしま》なんか、もともと韓国のものだから、韓国にあげたらええ」と言って、あんなええ人、もう、総理大臣にしてやりたかったわ。本当に残念やなあ。

小林　ああ。そうそう。その一言も、朝日の社長に聞かせますね。

フランスの「国際漫画祭《まんがさい》」をめぐる〝たくらみ〟

酒井　あと、フランスのマンガフェスティバル（アングレーム国際漫画祭《まんがさい》）があったではないですか。これに、あなたは、政治的につながっているんですよね？

朴槿恵守護霊　マンガぐらいで何だよ。

酒井　韓国の女性家族部の長官が、わざわざ訪問していますよね？　これは政治的な問題ではないはずなのに、なんで、こんなところに、政府の閣僚が行くのですか。

朴槿恵守護霊　いやあ、それはねえ、中国と組んでるからさ。もちろん、フランスを押《お》さえ込みにかかって……。

小林　ああ、「アングレームの漫画祭」は中国と組んでやったんですね？　分かりました。

朴槿恵守護霊　うーん。中国は、フランスルートが深いからねえ。で、韓国も、フランスは「安全国」と見てるから。

酒井　日本から出した漫画が排除《はいじょ》されましたが、何か、政治的圧力をかけました？

朴槿恵守護霊　いやあ、フランスっていうのは、カルト宗教をすごく嫌《きら》ってるからね。だ

アングレーム国際漫画祭　1974年からフランスのアングレーム市が開催している、フランスで最も古い漫画関連のイベント。

から、「カルト宗教だ、カルト宗教だ」って騒《さわ》げば、きちんと排除してくれるから。

小林　でも、幸福の科学は、もともと、カルト指定はされていませんよ。

酒井　ただ、あなたが騒いだんですね？

朴槿惠守護霊　うんうん、まあ、それはねえ、おまえらと違《ちが》って、韓国人は勤勉なんだよ。

酒井　まあ、閣僚が来るんだもんね。

朴槿惠守護霊　勤勉に、フットワークがあるからさあ。

酒井　フットワークがいいですね。

朴槿惠守護霊　日本は、全然、動かんからな。遅《おそ》くて牛みたいだからさあ。そりゃ、つつくべきところをつつけば、ちゃんと反応してくれるんだ。

小林　先ほど、冒頭《ぼうとう》で、「マンガぐらいで」とは言ったけれども、その「マンガぐらい」

に、閣僚まで派遣《はけん》したわけだから、要するに、事実上は国家プロジェクトだったわけですね。

朴槿惠守護霊　ヨーロッパに楔《くさび》を打ち込まないといかんし、アメリカだけでは足りない。もし、アメリカが日米同盟を重視して、(韓国を)無視した場合がありえるから、やっぱり、ヨーロッパに楔を打ち込んどく必要はあるんじゃないか。なあ?

フランスから中国への「武器輸出」にも手を貸していた?

朴槿惠守護霊　ドイツは駄目だからさあ。ドイツはちょっと、日本と同病だからねえ。ちょっとね、似たようなとこが……。

酒井　ドイツは駄目なのですか。

朴槿惠守護霊　うーん。何か、おまえらの活動が活発になると、ヒトラーまで蘇《よみがえ》ってきそうな気がするからさあ、もうすぐ。

小林　今のフランス政府に関するコメントについては、日本にとっても、アメリカにとっても、ちょっと聞き捨てならない一言がありましてね。

朴槿恵守護霊　ああ？

小林　要するに、フランスは、尖閣《せんかく》列島を占領《せんりょう》するための軍事技術を、中国に売ろうとしたんですよ。

朴槿恵守護霊　うーん。

小林　それで、アメリカと日本が怒《おこ》って、「いいかげんにしなさい」と、フランスを叱《しか》ったんだけれども、要するに、その裏で、あなたが、中国と組んで、いろいろと悪いことをしていたわけですね？

朴槿恵守護霊　いやあ、フランスはねえ、ヒトラーにやられてさあ、占領もされたけど……、まあ、これ映画にもなったけど、フランスに住むユダヤ人は、全部集められて、ポーランドに送られて、みんなガス室で殺された。その「原罪」がフランスにあるからさあ。

だから、「日本軍が、従軍慰安婦をかき集めて、南方戦線に二十万人送り込んで、性の奴隷《どれい》で使って、最後は殺した」とか言うと、みんな信じるのよ。

小林　ああ、だから、そういう嘘八百《うそはっぴゃく》を並べても信じると？

朴槿惠守護霊　「信じる」のは、自分らがやったことだからね。

小林　うん。自分らがやったから、「韓国が嘘を言っても信じるだろう」と思って、やったわけですね？

朴槿惠守護霊　うーん、だから、信じるのよ。

小林　信じるんですね。

朴槿惠守護霊　自分らがやったんだ。自分らはユダヤ人を本当に集めたから、二十万で済んだかどうか知らんけど、そのくらいは、十分、集めたはずだよ。それで、ポーランドへ送ったんだから、自分らもギルティ（有罪）なのよ。

小林　うん。ギルティなのが分かっているから、「嘘を言っても通じるだろう」と思って、やった？

朴槿恵守護霊　そうそう。

小林　なるほど。

朴槿恵守護霊　フランスは、私も、勉強に行ったことがあるしねえ。語学はちょっとやったこともある……。

小林　それで、「簡単に騙《だま》せる」と思って、やったわけですね？

朴槿恵守護霊　うん。だからねえ、あそこは、そういう意味で、韓国の気持ちが分かるのよ。そのへんが狙《ねら》い目だから、ヨーロッパに楔を打ち込まないかんのよな。

小林　うん。よく分かりました。

5　日本人を「慰安婦《いあんふ》」にしてみたい

韓国《かんこく》の国民感情は「統一協会《とういつきょうかい》」の論理と同じ？

朴槿惠守護霊　それと、（私は）カトリックだからね。カトリック精神がある。

小林　（苦笑）

朴槿惠守護霊　神を信じ、悪魔《あくま》を嫌《きら》う者同士として、手を結ぶ必要があるからさ。

酒井　あなたは、神を本当に信じているのですか。

朴槿惠守護霊　いやあ、そらそうだろうよ。韓国《かんこく》を守る者は神で、韓国をいじめるやつは悪魔だ。もう、そういうことよ。

フランスだって、フランスをいじめるやつは悪魔で、フランスを守る者は神。まあ、そういうふうな……。

酒井　では、イエス様は信じているのですか。

朴槿恵守護霊　うん？　だから、韓国を守るイエスは、神。

酒井　〝韓国を守るイエス〟とか、〝韓国を守らないイエス〟とか、そういうものがあるのですか。

朴槿恵守護霊　韓国をいじめるイエスは、偽物《にせもの》で悪魔。

小林　うん。それは、統一協会《とういつきょうかい》の論理ですね？

朴槿恵守護霊　まあ、そりゃ、いいことも言ってるからね、イエスぐらい、韓国に生まれ変わってもいいわなあ。そうすれば、韓国は強くなれる。

小林　そうすると、文鮮明《ぶんせんめい》は、やはり、イエスの生まれ変わりであってほしかったと？

朴槿恵守護霊　まあ、それでもいいよ。

小林　というのも、朴槿惠さん（守護霊）の意見だと？

朴槿惠守護霊　いや、公式には、ちょっとカトリックはまずいんだけどね。公式にはまずいんだけども、韓国民の心情としては、“下半身”は信じたいとこはあるな。

小林　ああ、「下半身は、統一協会を信じたいところがある」と？

朴槿惠守護霊　それはそうだよ。日本人と合同結婚《けっこん》式をやって、日本人のＯＬを、農家で奴隷《どれい》みたいに使えるんだからさあ、こんな面白《おもしろ》い宗教はないじゃないか。スッキリするわあ。

小林　ああ、要するに、ＯＬを奴隷として使うために、やったわけですね？

朴槿惠守護霊　日本人の女性を集団で拉致《らち》してるでしょう？

2010年８月31日、統一協会の教祖・文鮮明守護霊の霊言を収録。『宗教決断の時代』第１章に所収。（幸福の科学出版）

不細工《ぶさいく》な日本人女性を集団拉致して、奴隷に変えてやったから、それで、本来の立場になったね。

酒井　ほお。

朴槿惠守護霊　本来、あの不細工な顔で、整形手術もしないで、あのままで生きてるっていうことはかわいそうだもん。

小林　要するに、「それを是認《ぜにん》する」というか、「いいことだ」と？

朴槿惠守護霊　ああ。え？　農家で働く……。

小林　「それが韓国大統領の見解だ」ということですね？

酒井　それは、あなたの信仰観《しんこうかん》ですか。

朴槿惠守護霊　え？　いやいやいや、韓国人の国民感情よ。

朴槿惠大統領の「日本人に対する本音」

酒井　では、あなたは？

朴槿惠守護霊　え？　私？　私は韓国の神として、「韓国の利益になることだったら認めたい」っていう気持ちは……。

小林　要するに、認めるわけですね？

酒井　では、先ほど、おっしゃっていたカルト認定は、まさに、あなたがされるべきですね？

朴槿惠守護霊　なんで？　韓国にとっていいことがカルトのはずはない。

酒井　いや、「日本人を何か奴隷のように扱《あつか》っている」と聞いたことがありますよ。

朴槿惠守護霊　何言ってんの。

小林　統一協会はカルト認定されていますよ。

朴槿恵守護霊　「カルト」と言ってるのは、そらあ、日本のマスコミとか、大学とか、そんなとこがしてるんであって、韓国では、いい宗教なんですから。

酒井　要するに、あなたは、日本人を「慰安婦《いあんふ》」にしたいのでしょう?

朴槿恵守護霊　だからねえ、アメリカと日本から金を送ってくれるんだから、統一協会は、いい宗教なんだよ。

小林　ああ、〝いい宗教〟なのね。

朴槿恵守護霊　日本人から金を引きずり抜《ぬ》いて、持ってきてくれるんだから。

酒井　それは騙《だま》しですからね。

朴槿恵守護霊　それはそうだ。日本人をこき使って、金を集めてるんだからさあ。

小林　文鮮明は、アメリカで、実刑判決《じっけいはんけつ》を食《く》らったんですけれども、〝いい宗教〟なんですね？

朴槿恵守護霊　いやあ、代理復讐《ふくしゅう》をしてくれてるので……。

酒井　要するに、「騙す宗教はいい宗教」だと？

朴槿恵守護霊　騙すんじゃなくて、悪いやつをやっつけながら金を搾《しぼ》るっていうだけじゃないか。

酒井　やっつけるには、騙していいと？

朴槿恵守護霊　騙しなんていうもんじゃなくて、それが兵法なんじゃないの？

酒井　兵法ですか？　それでは、宗教ではないですね。

朴槿恵守護霊　そらあ、まあ、駆《か》け引きっていうのは、頭のよし悪《あ》しの問題だから。

小林　基本的に、「ゆすり、騙し、たかり」ということですね？

朴槿恵守護霊　いや、それは、おまえらの言い分だからさ。

だからね、この前載《の》ってたよ、「日本人の女性が六千五百人、行方不明《ゆくえ》になってる」とかいっててな。みんな、嫁《よめ》に出されて、どこかの農家で働いとるんだろうから、帰れんのだろう？　ざまあみろだよな。アハハハハハ。本当に気持ちいいわ。

小林　あっ、ざまあみろですね？

朴槿恵守護霊　ああ。ざまあみろだよ。あんなもの、こっちにとって、従軍慰安婦の代わりだからな。〝従農家慰安婦《じゅうのうか》〟だよ。ハッ！

小林　従軍慰安婦の代わり……。

朴槿恵守護霊　ハハハハ。それで、日本人のOLとかを、もう本当に奴隷代わりに使って……、家畜《かちく》代わりに使ってねえ、そして、夜《よ》な夜な犯《おか》すっていうのは、もう韓国人最大の喜びだからな（笑）。

小林　これはすごいなあ。これが韓国大統領（守護霊）の発言ですね？

朴槿恵守護霊　大統領？　あっ、そう。わし、大統領……。そうかそうか。

6 「日本への恨《うら》み」のルーツは？

朴槿恵守護霊は男性なのか、女性なのか

酒井　では、そろそろ、そのへんのところに行きましょうか。あなたは、レディですよね？

朴槿恵守護霊　まあ、レディであって、レディでもないような、何と言うか、全知全能だからね。男でも女でもないんだな。

酒井　「わし」とか、そのへんの……。

朴槿恵守護霊　いやあ、もう全知全能だから、ときどき、男性の意識も女性の意識も混在して……。

酒井　ただ、今、ずっと話していて、実は、女性の言葉がまったくなかったんですけれども。

朴槿恵守護霊　いやあ、では、「私《わたくし》」と言やあいいんだ。私は、お聖心《せいしん》を卒業なさって……。

酒井　あれですよねえ。要するに、習近平《しゅうきんぺい》の下《もと》に逃《に》げていった……。

朴槿恵守護霊　ああ？　ちょっと嫌《いや》なことを言ったからなあ。おたくは、習近平の、何だか情婦《じょうふ》みたいなことを言ったからさあ（前掲《ぜんけい》『安重根《あんじゅうこん》は韓国《かんこく》の英雄《えいゆう》か、それとも悪魔《あくま》か』参照）、今度は、男でいかないといかん。男でいかないと。

酒井　要するに、国を売ってまで自分の身を守った人間が過去世《かこぜ》だったわけですよね？

朴槿恵守護霊　あたしだってねえ、暗殺未遂《みすい》を受けてるんだからねえ……。

小林　ああ、「このくらい、しょうがないでしょう」ということですね？

「イエスをつくった〝韓国《かんこく》の神〟」とうそぶく朴槿恵守護霊

酒井　あなた自身はいったい誰《だれ》ですか。

朴槿恵守護霊　「あなた自身は」って、韓国《かんこく》の神よ。

酒井　韓国の神?

小林　名前を名乗っていただけませんか。神様なら名前があるでしょう?

朴槿恵守護霊　ええ?　だから、「イエスをつくった者」だよ。

小林　うーん（苦笑）。いきなり、そこまでワープしてしまうと、「アウト・オブ・ザ・クエスチョン」（問題外）なんだけれども。

朴槿恵守護霊　まあ、韓国は五千年の歴史であるからねえ、五千年ほど前に、神が、イエスの魂《たましい》をこねてつくったの。

小林　うん。いいから、その韓国の神の名前を言ってください。

朴槿恵守護霊　うん？　まあ、「世の光」と言われているんだ。

小林　だから、名前を言ってください。「世の光」では、普通《ふつう》名詞ですから。

朴槿恵守護霊　そうか。うーん。では、朴《パク》を付けて、朴世光《せいこう》でどうだ？

小林　朴世光？（笑）

朴槿恵守護霊　うん。どこかで聞いたような名前だなあ、それ。

小林　要するに、名前が特定できないのですね？

朴槿恵守護霊　世光って、誰か……、あ、文《ぶん》世光っていたな。いやあ、これはまずいな。これは、親父《おやじ》の暗殺未遂（の犯人）だな。これは、いかんいかん。これはまずかったな。

小林　要するに、名前がないんですね？

朴槿恵守護霊　そんな、韓国人は、もう名前なんか超越《ちょうえつ》してるのよ。本質だけでいいのよ。

酒井　超越している？

朴槿恵守護霊　うーん。そんな、名前なんていうのは、コロコロ変わったもんだから。

小林　それだと神様にならないので、男性としてしゃべっているあなたは、いったい、いつの時代の、どこの誰なのですか。

朴槿恵守護霊　うん？　だから、「神だ」と言ってるのよ。五千年前に、イエスをつくりし者。日本のカルト宗教はこれで崩壊《ほうかい》するだろうが？　アッハ、アーハハハハハ。

小林　真面目《まじめ》に信じてるの？　その一言。

朴槿恵守護霊　ハハハハハハハ……。

小林　いや、今、私が反論しないのは、「これをこのまま印刷して、日本と世界と韓国にばら撒《ま》くと、全部解決だな」と思っているから、黙《だま》っているだけですよ。

朴槿惠守護霊　キリスト教は、まあ、どうせ、歴史が四千年ぐらいしかないことになっとるんだろうからな。だから、「五千年前ぐらいにイエスをつくった」と言えば、だいたい合ってるんだよな。

酒井　とすると、その韓国の神は、チンギス・ハンの四番目の……。お后《きさき》として嫁《とつ》いだと？

朴槿惠守護霊　いや、それは、おまえらの言葉で言えば、変化神《へんげしん》だろう？

酒井　いや、たとえ変化神であろうとも、それが韓国の神なんですか。

朴槿惠守護霊　いや、まあ、神は神だよなあ、やっぱりなあ。

酒井　その神は、たった一回しか生まれなかったわけですか？

朴槿惠守護霊　神はねえ、もう、無限に存在したもんよ、それは。

酒井　違《ちが》う、違う。その前とか、その後《あと》とかに、です。

朴槿恵守護霊　そらあ、神は、安重根にも宿《やど》りたもうたしね。〝日本の悪魔〟の代表である伊藤博文《いとうひろぶみ》も、見事に殺しよった。

酒井　いや、宿っていたのが、チンギス・ハンの第四后妃《こうひ》ですよ（注。朴槿恵大統領の過去世は、チンギス・ハンの第四后妃として嫁いできた金《きん》〔中国〕の皇帝《こうてい》の娘《むすめ》、グンジュ〔公主〕だと推定される。これが朴大統領自身の霊体《れいたい》の一部でもある守護霊である。前掲『安重根は韓国の英雄か、それとも悪魔か』参照）。

朴槿恵守護霊　まあ、チンギス・ハンは、今の中国でいいと思ってたからさあ。まあ、ヨーロッパを支配したのはすごいわなあ。やっぱり、それはすごいわ。

酒井　要するに、この人（朴槿恵の過去世である第四后妃）は望まれて行ったのではなくて、逃げていったわけですよ。

過去世《かこぜ》をはぐらかす朴槿恵守護霊

小林　では、五千年前の神でもいいです。その名前を教えてくださいよ。いちおう、

金の皇帝・衛紹王の娘、岐国公主。1214年4月、和睦の際、チンギス・ハンのもとに嫁いできた。チンギス・ハンはこの婚姻により自らの威信を高めたので、彼女を第四后妃の地位をもって遇した。（左の馬上の人物）

五千年の歴史を捏造《ねつぞう》しているわけですから、名前ぐらいあるでしょう？

朴槿惠守護霊　ちょっと、あそこの勉強はし忘れたような……。北朝鮮《きたちょうせん》の白頭山《はくとうさん》の神様は、何年ぐらい前のもんやろうかね？

小林　いや、そんなことは自分で知っているでしょう？

朴槿惠守護霊　それと競争しなきゃいかんから、それより、ちょっと古くないといかん。

小林　知りたかったら、私の脳のなかの情報を読み取ってくださいよ。

朴槿惠守護霊　なんぼぐらい前やったかなあ？

小林　簡単には教えませんよ。間違ってたら、「ブー」って言ってあげるから（笑）。

朴槿惠守護霊　まあ、五千年ありゃあ、いけるんじゃないかなあ。たぶん大丈夫《だいじょうぶ》だと思う。

小林　「ブー」ですね。

酒井　たぶん、五千年も歴史はないですよ。そもそも韓国は国がバラバラだったんですから。

朴槿恵守護霊　あったことにしてるんだよ。

小林　あったことにしてるんですよね？

朴槿恵守護霊　うん、うん。

小林　認めましたね。だったら、そもそも神様にはならないじゃないですか。建国の神が存在しようがない。

朴槿恵守護霊　まあ、中国と一緒《いっしょ》だったんだから、五千年の歴史でいいんだよ。

小林　ああ、要するに中国の一部だったと。つまり、属領だったわけですよね？　それを認めるわけですね？

朴槿恵守護霊　いや、古代では、マンモスでもやっとったかもしらんから、そらあ、〝マンモスの神〟かもしらんけど。

小林　ああ、古代はマンモスをやってた？

朴槿恵守護霊　うーん。シベリアのマンモスかもしらんけども。

小林　シベリアのマンモスね？（会場笑）

朴槿恵守護霊　うーん。なんで笑う人がいっぱいいるんだ？　これは意味が分からんなあ。なんで尊敬しないんだよ？

「白村江《はくすきのえ》の戦い」のときに生まれていたのか

酒井　では、チンギス・ハンに嫁《とつ》いだ前の過去世は、いったい誰だったんですか？男だったの？　女だったの？

朴槿恵守護霊　「朝鮮人には名前がないんだ」って言うてるんだから。

小林　朝鮮人で名前がないのは奴隷《どれい》のほうですよ。そっちのほうだったんですか？　少なくとも両班《ヤンバン》のほうはありましたよ。

朴槿恵守護霊　朝鮮の名前は、まあ、せいぜい五百年ぐらいしかねえからな。それから先がないいんだよ。

酒井　実際にないんですね？

朴槿恵守護霊　うーん、名前がないんだ。おまえらだって、どうせ日本の庶民《しょみん》だから名前なんか、ありゃあせんよ。

小林　ところで、いつの時代の方ですか？

朴槿恵守護霊　「いつの時代」って、「時代がないんだ」って言うてるの。なんだよ、この……。

小林　ああ、時代がないのね？

酒井　ただ、あなたは、必ず、国が滅《ほろ》びるときに出てきますよね？

●両班　高麗、李氏朝鮮時代の官僚機構・支配機構を担った特権的な身分階級のこと。

朴槿惠守護霊　あんた、そういうなあ、一つ二つを見て、法則みたいに言うんでないよ。それは、科学的頭脳がない証拠《しょうこ》！

酒井　いや、普通は、二つを見てそうだったら、三つ目もそうだって類推できるじゃないですか。

朴槿惠守護霊　あんたは、もう一回、高校に入り直したほうが……。

小林　まあ、分かりましたよ。さすがに、五千年前の歴史だと誰も信じないから、現在の歴史に遺《のこ》っている、例えば、新羅《しらぎ》

７世紀後半の東アジア

だとか、百済《くだら》だとかあるじゃないですか？

朴槿恵守護霊　ああ、そんな最近の話ね？　最近の話が聞きたいのね？

小林　それでいいから。ただ、捏造は駄目《だめ》ですよ。

朴槿恵守護霊　まあ、あるとしたら、日本を撃退《げきたい》したときの人しかいないだろうなあ。そのあたりだから。

小林　だから、名前を言ってくださいよ。

朴槿恵守護霊　もう、知らん。知らんけど、まあ、いただろうよ。

酒井　知らんけどいたと？

朴槿恵守護霊　うん。強かったんだよな。強かったんだよ。日本は、百済を守ることができんかったんだ、あまりの強さになあ。

小林　だから、いつの時代なんですか。朝鮮半島といったら、何回も戦《いくさ》をやってるんで、いつの時代ですか？

酒井　百済を守れなかったのは「白村江《はくすきのえ》の戦い」（六六三年）ですよ。

朴槿恵守護霊　そんなくだらない国をぶっ潰《つぶ》したころの神様だから。

小林　だから、戦は三、四回やっているので、そのうちのどれだったかを教えてもらえます？

朴槿恵守護霊　たくさんあるから分からんのだよ。そんな、よう分からんけど、勝ったのは、いつも、わしじゃ。

酒井　百済と言いましたが、つまり、百済が負けたときですね？

朴槿恵守護霊　百済がくだらない負け方をしたことはあったなあ。

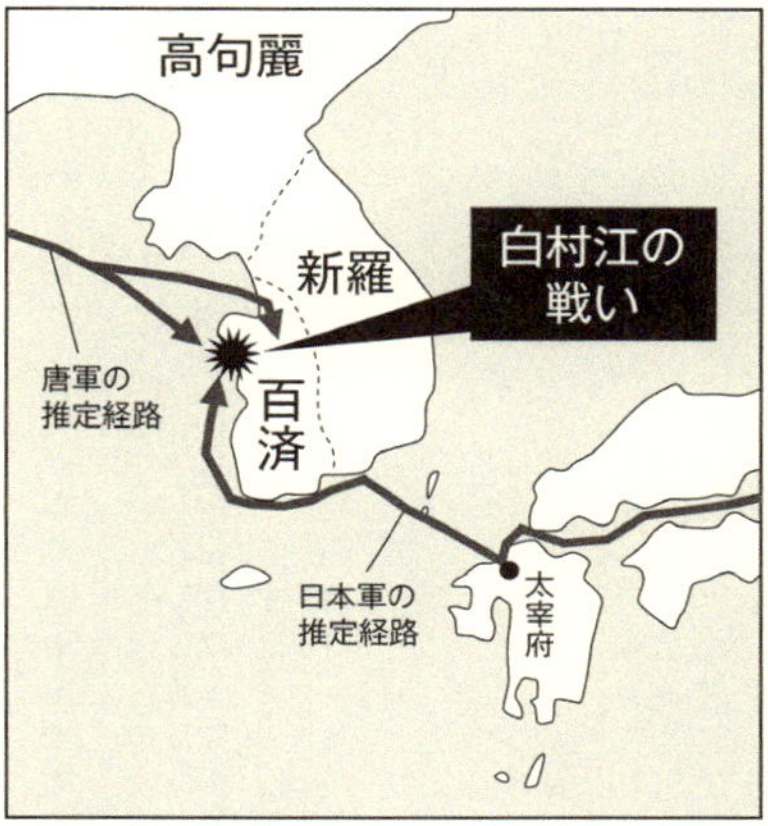

白村江の戦い
663年に朝鮮半島の白村江で行われた、日本・百済連合軍と唐・新羅連合軍との戦い。

酒井　新羅とかに負けたときですね？

朴槿恵守護霊　まあ、そうかなあ。うーん、まあ、そうだろう。

酒井　そういうことを言ってるんですね？

朴槿恵守護霊　じゃあ、名前ぐらいあるかもしらんなあ、よう調べたら。

小林　よう調べたら？

朴槿恵守護霊　忘れたわ、もう。

酒井　百済が負けそうなときに逃げた人たちもいるんですが、そういう類《たぐい》の人たちですか。

朴槿恵守護霊　逃げた人？　そんなやつが……。

酒井　日本に救いを求めていながら、逃げてしまって。

朴槿惠守護霊　あのねえ、帝国陸軍や海軍は、そんなことはない。逃げない。絶対、逃げない。

酒井　なぜ、帝国陸軍・海軍？

朴槿惠守護霊　新羅帝国。

酒井　ああ、新羅帝国。

朴槿惠守護霊　うーん。ありえないからなあ。

酒井　あなたは、新羅の人？

朴槿惠守護霊　知らん。まあ、とにかく、韓半島の人間である。うん、うん。

酒井　ほう、そのときの……。

朴槿惠守護霊　まあ、国が、フニャフニャと変わっとるから……。

小林　ああ、変わってるけど、でも、さすがにね……。

朴槿恵守護霊　うーん、朴クニャクニャだ。

小林　朴クニャ？　ま、いいや。

日本への恨《うら》みを口にする朴槿恵守護霊

小林　さすがに、過去世が「習近平の妾《めかけ》」の一回だけっていうことはないでしょう？

朴槿恵守護霊　そりゃあ、有名なのは、そのくらいしかいないから。

小林　いや。有名なのでなくてもいいから。どの時代ですか。

朴槿恵守護霊　とにかくだねえ、戦争した以上、戦った相手がおるわけだからさあ。

酒井　それは、どこ？

朴槿恵守護霊　そらあ、韓国側の……、朝鮮側の戦った人ぐらいおるからさあ。

酒井　どことどこが戦ったの？

朴槿恵守護霊　うーん、「どことどこが戦った？」って、まあ、日本を撃退したのは、みんな、わしがやったんじゃ。

酒井　「撃退したのは、みんな、わしがやった」って、どことどこが戦うんですか。

朴槿恵守護霊　うーん、本人が地上にいたか、天上界《てんじょうかい》から指導したか、どっちかじゃ。だから、今、独立国家でいるのは、私が神だからだ。

小林　いや、国の名前は限られていて、高句麗《こうくり》か新羅か百済か高麗《こうらい》か李氏《りし》朝鮮か、五つしかないんですけど、そのうちのどれですか。五つの選択肢《せんたくし》からだったら答えられるでしょう？

朴槿恵守護霊　まあ、そりゃあ……、あのねえ、韓国人はねえ、日本人より頭ええのよ。あんた知っとんのか？

酒井　じゃあ、早く言ってくださいよ。

朴槿恵守護霊　国際的にはねえ、知性水準は日本をはるかに超《こ》えてねえ、もう世界レベルに達しとるんだよ。

小林　だったら質問に答えてくださいよ。五択の選択肢なら答えられるでしょう?

朴槿恵守護霊　あんた、韓国のソウル大学とねえ、中国の清華《せいか》大学、北京《ペキン》大学は、日本の東京大学より、ずーっと上なんだから、ほんと。

小林　まあ、分かりました。じゃあ、その五つのうちのどれなんですか。

朴槿恵守護霊　ええ?　何が?　どれでもええよ、まあ……。

小林　「どれでもええ」か(苦笑)。それは要するに……。

朴槿恵守護霊　だから、全部いたことにしてもええわ。

酒井　そもそも、なぜ、あなたは、それほど日本に恨《うら》みを持つんですか。

朴槿恵守護霊　うん?　日本に恨み?

倭寇《わこう》は、けしからんだろう？　倭寇は。だって、盗人《ぬすっと》だよ。おまえらは、もともと盗人の子孫じゃないか。

酒井　いや、倭寇だって、別に全部が日本人じゃないんですから。韓国の人がやってた可能性も高いんですよ。

朴槿惠守護霊　いや、盗人の子孫でしょう？　認めなさいよ。

小林　倭寇って、八割方、朝鮮半島と中国の人なんですけど。

朴槿惠守護霊　ほんまかいね？　そらあ、知らんかったなあ。

小林　いや、歴史を勉強してくださいね。

朴槿惠守護霊　ええ？　和光《わこう》っていうのは、ちゃんと銀座《ぎんざ》にあるじゃないか？　あれも、日本のもんやないか。あれ、韓国のもんやったかあ？

酒井　あなた、ほんとにねえ、もうちょっと勉強してください。歴史観を学んでください。あなたには、やはり、「正しい歴史観」が大切ですよ。

日本語が上手なことから推測される「日本との縁《えん》」の深さ

小林　あと、もう一つ訊《き》きたい。非常に日本語がお上手なのですが、それはなぜですか。

朴槿恵守護霊　うん、なんでやろなあ。やっぱり、全知全能っていうのは、こういうことなんじゃないのか。

小林　いやいやいや。もしかして、日本列島のほうでも生まれてません？

朴槿恵守護霊　まあ、日本列島が韓国だったときには、それはあるかもしらん。韓国と地続きだったときがあったかもしらんからなあ。

酒井　いや、その前に、任那《みまな》とか、あの辺にいた？　日本府があったとき。

朴槿恵守護霊　ああ、そうか。日本人が奴隷で来とったときかあ、韓国に。

酒井　いやいやいや。違う。逆、逆。

●任那日本府　古代、朝鮮半島南部の任那にあったとされる大和政権（日本）の統治機関。

朴槿惠守護霊　頭はええから、そらあ、通訳ぐらいしたことはあるかもしらんなあ。

小林　例えば、日本の東北地方とかに生まれていませんでした？

朴槿惠守護霊　なんで、君らは、そういう決めつけの差別観を持っとるねん。

小林　いやいやいや、日本語がとってもお上手だから。

朴槿惠守護霊　これだけしゃべるのがうまいっちゅうことは、もしかしたら日本を代表するインテリかもしらんなあ。

小林　じゃあ、それでもいいですから、日本で生まれていたみたいな節《ふし》もあるので、その時代に何をしたのか……。

朴槿惠守護霊　いや、それを言ったらねえ、君を殺さないかんのや。今日、この場で、もう。

酒井　いや、別にいいですよ。

朴槿恵守護霊　うーん、〝槍《やり》〟を持ってくるのを忘れた。

小林　あのー、教えていただけません？

朴槿恵守護霊　なんで日本語がしゃべれるかは、よう分からんのやけども、まあ、日本人の家庭教師がいたのかなあ。

酒井　お父様も日本人だったんですよねえ。

朴槿恵守護霊　まあ、そうだなあ。まあ、ベラベラだったからな、親がなあ。

酒井　いやいや。日本人だったんですよね、戦国時代に。

朴槿恵守護霊　うん、そうなんだよなあ。

小林　あのとき（二〇一三年十月二十六日の「朴正熙《チョンヒ》・韓国元大統領の霊言《れいげん》」収録時）は名前を出しそびれてしまいましたけれども、秀吉《ひでよし》軍の立派な武将だったんですよね？（前掲『韓国 朴正熙元大統領の霊言』参照）

朴槿恵守護霊　ああ？　親父？　ああ、黒田長政《くろだながまさ》か？　なんか、そんな名前だったような……。そんな名前だったっけ？　違った？

酒井　いや、名前は聞けなかったんです。

朴槿恵守護霊　言わなかった？　言わなかったの？　ああ、そうか。

小林　あの場では言わなかったんですが、あのあと、だいたい特定はできてたんです。

朴槿恵守護霊　ああ、そうか。まあ、なんか、そんなのと違うのかい？　よう知らんけど。

酒井　じゃあ、長政なんだ。

小林　もしかして、その一族郎党《ろうとう》とかには関係がある？

朴槿恵守護霊　そらあ、朝鮮へ来たら、女が欲《ほ》しいだろうがなあ。女が欲しいんだったら、子供ができることだってあるわなあ、そらなあ。

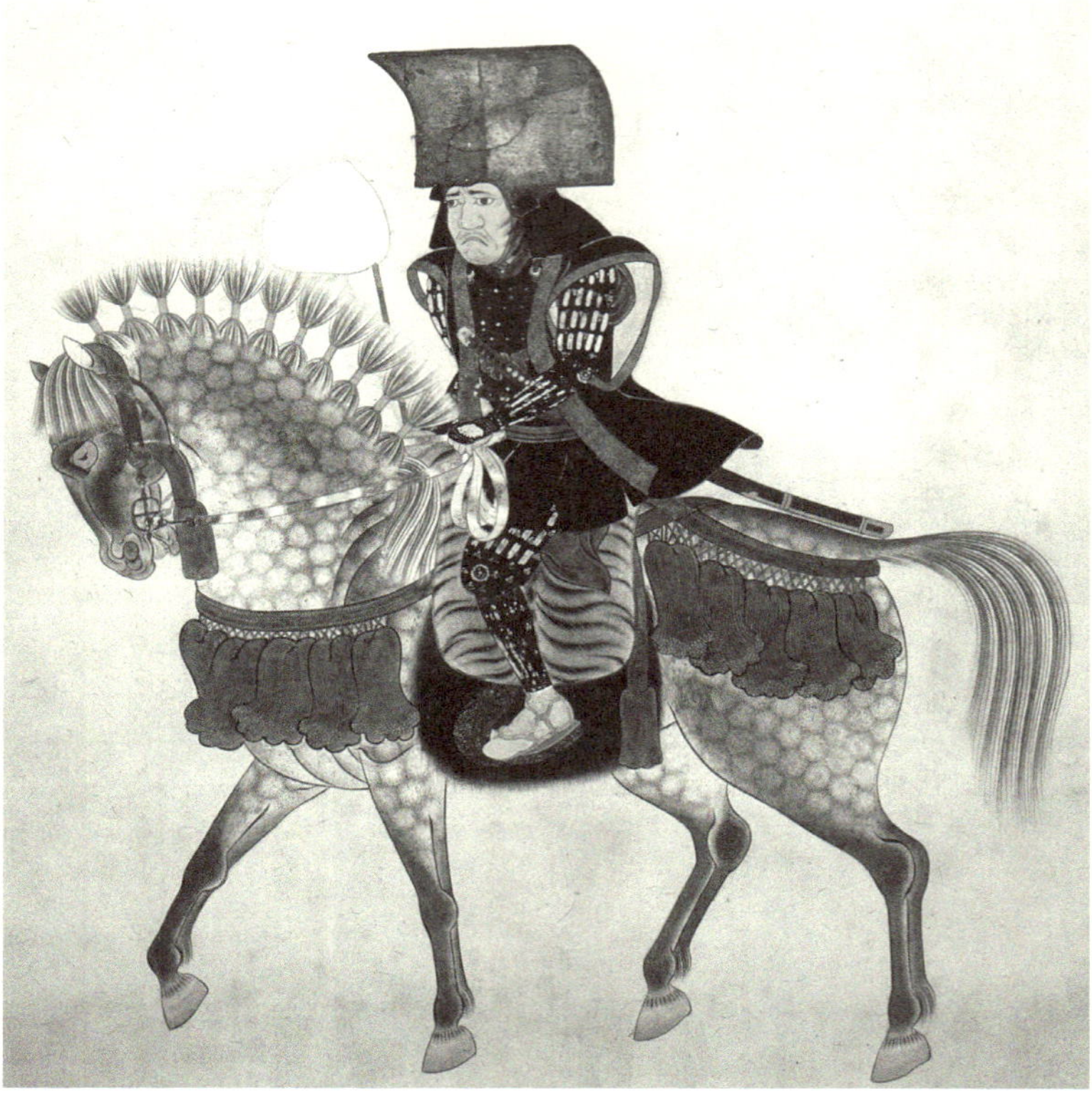

黒田長政（1568 ～ 1623）
安土桃山時代から江戸時代前期にかけての武将・大名。豊臣秀吉の軍師である黒田官兵衛の長男。文禄・慶長の役などで活躍し、特に関ヶ原の戦いでは大きな戦功を挙げた。

酒井　長政の子供？

小林　つまり、向こうでできた子供？

朴槿惠守護霊　まあ、種《たね》を残して帰ったかもしらんわなあ。

小林　ああ、そうですか。そういう関係だったんですね。

朴槿惠守護霊　ああいうねえ、私は、父親に逃げられるカルマがあるからなあ。

酒井　なるほど。

チャネラーへの移動を希望する朴槿惠守護霊

小林　でも、それが「日本の国への恨み」っていうのは、ちょっと飛躍《ひやく》しすぎなんですけどね。

朴槿惠守護霊　まあ、神は、父なくして生まれるもんだからしょうがないんだよ。これ、イエスとそっくりだなあと思って。

小林　いや、ここのところは、ほとんど、論理的思考がなくて困ってしまうんですが……。

朴槿恵守護霊　つくづく、イエスそっくりや。

小林　要するに、黒田長政の時代にご縁《えん》があったっていうことですね？　そして、ハーフだと。

朴槿恵守護霊　うーん、まあ、そうか。でも、そりゃあ最近だなあ。それは百済じゃないなあ。

酒井　全然違いますね。

朴槿恵守護霊　そうだねえ。

小林　じゃあ、それもあり、「百済の時代もあり」っていうことですね？

朴槿恵守護霊　いやねえ、うちでは、日本の歴史なんか教えないのよ。そんな、「敵性歴史」は教えんのだよ。

酒井　いや、日本語だって教えないでしょう？

朴槿恵守護霊　ああ、日本語も、ほんとねえ、軽蔑《けいべつ》し切ってんだけど、金儲《かねもう》けのときだけ、まあ、金儲けに使えるから……。

酒井　なぜ、そんなにしゃべれるんですか。

朴槿恵守護霊　なんで、わしが、しゃべれるかっちゅうと……。

酒井　実は、あなたは、日本と縁《えん》があるんですね。

朴槿恵守護霊　うーん、なぜか、しゃべれるなあ。なんで、しゃべれるんだろうなあ。

小林　すごく流暢《りゅうちょう》で、ご立派ですよ。

朴槿恵守護霊　そうだねえ。しゃべれるなあ。

小林　うん、漢字は間違えるけど。

朴槿惠守護霊　なんでしゃべれる……。

（チャネラーを指して）このぼんくらに入ったら、しゃべるかもしらんなあ。この人（大川隆法）は、なんかチェックが入るから、どうもあかんのや。この人は、いろいろとつながるんだ。コンピュータみたいなものが、つながってくるからさ。

酒井　じゃあ、こっちに入って、しゃべってみてください。

朴槿惠守護霊　そっち行ったら、ベラッとなんかしゃべり始めるかもしらん。

大川隆法　じゃあ、そっちへ、はい。（手を叩《たた》きながら）はい、移動。

（朴槿惠守護霊がチャネラーに移動する）

（約十五秒間の沈黙《ちんもく》）

いきなり質問者を倭寇《わこう》呼ばわりする

朴槿惠守護霊　ああ、うーん……。

酒井　じゃあ、続きを始めたいんですけど、なんで、そんなに日本語が上手なんですか。

朴槿惠守護霊　え？　それは日本語が得意っていうことだろ？

酒井　ええ。「得意」と「上手」は、ほとんど同じことなんですけど……。

朴槿惠守護霊　まあ、私が上手なのはねえ、君の頭の構造とねえ、その中身が違うっていうことだろうなあ。

酒井　ほう。要するに、頭の構造の問題？

朴槿惠守護霊　そう、そうそうそうそうそう。出来が違う。

韓民族というのはなあ、おまえらみたいな倭寇《わこう》の人間とは違うんだよ。出来が違う。

酒井　倭寇の人間……。いや、違う、ちょっと待って。

朴槿惠守護霊　まずねえ、日本民族っていうのは、もともとの出来がねえ、やっぱりねえ、〝欠陥商品《けっかん》〟なのよ。

酒井　ただ、あなたには、日本人の血が入ったわけですよね。戦国時代の朝鮮出兵のころ。

朴槿恵守護霊　いや、でもねえ、それは、こちらの総裁だっけ？　……に入ってねえ、勝手にしゃべらされただけだからねえ、信じちゃいけないわけよ。

小林　もう、逃げないで、逃げないで、逃げないで。ごまかさないで。

朴槿恵守護霊　そんなねえ、私はねえ、底辺の人間じゃないんだからさあ。

小林　じゃ、どのへんの人間なんですか？

朴槿恵守護霊　そりゃあ、「トップの人間」に決まってるじゃないですか。

小林　だから、どのへんのトップなんですか？　いつの時代の？

朴槿恵守護霊　うん？　いや、戦国時代は関係ないよ、そんな。

小林　じゃあ、いつの時代になりますか？

朴槿惠守護霊　だからね、何度も言うが、日本の歴史なんていうのは、われわれは勉強してないんだよ。

小林　それはいいんだけれども、この霊媒《れいばい》（チャネラー）に入っていれば、日本史の情報は使えると思うんで。それを拾ってもらえればいいと思うんですけれども。

朴槿惠守護霊　うーん。

小林　さっき、けっこう百済とか、新羅とかの時代に反応されていましたよね？

朴槿惠守護霊　まあ、あれは勝ったからな。

小林　白村江だよね。

朴槿惠守護霊　うん、勝ったっていうのは気持ちいいな。

小林　ああ。でも、神功《じんぐう》皇后にはコテンパンにやられたけれども。

朴槿惠守護霊　うーん。あんな三韓征伐《さんかんせいばつ》なんか、気に食わん。ありゃあ、気に食わんなあ。

三韓征伐《さんかんせいばつ》は「海賊《かいぞく》の侵略《しんりゃく》を防いだ歴史」と強弁

小林　もしかして、三韓征伐《さんかんせいばつ》のころなのかな？　これだけいろいろ言っているというのは。

朴槿惠守護霊　いや、三韓征伐っていうのは、あれはつくられた歴史だからなあ。

小林　いやいやいやいや……。

朴槿惠守護霊　そもそも、あれはね、逆なんだよ。われわれが、防衛戦争で、ちゃんとねえ、おまえらみたいな海賊《かいぞく》の侵略《しんりゃく》を防いだ歴史が、本当の歴史なんだよ。

小林　そうやってまた、歴史をつくらないでくださいよ。でも、いずれにしても、百済とか、あのあたりですか、やはり。

朴槿惠守護霊　百済っていうのは裏切りもんだよ、あの国は。裏切りもんだよ。

●三韓征伐　古代、神功皇后が新羅出兵を行い、朝鮮半島の広い地域を服属下においたとされる戦争。新羅が降伏したあと、三韓の残り二国（百済、高句麗）も相次いで日本の支配下に入ったとされるため、この名で呼ばれる。

酒井　では、新羅？　それとも、高句麗？

朴槿惠守護霊　うん……、まあな。高句麗のほうが関係はしてるかもしれないな。

小林　高句麗？　高句麗の、どの……？

朴槿惠守護霊　新羅っていうのは……、裏切りじゃないけどさあ。

小林　まあね。新羅は裏切りましたからね、高句麗をね。

朴槿惠守護霊　みな、あっちのほうとつながったじゃねえか。ありゃあ、ちょっと裏切りじゃないんだけど、裏切りだな。

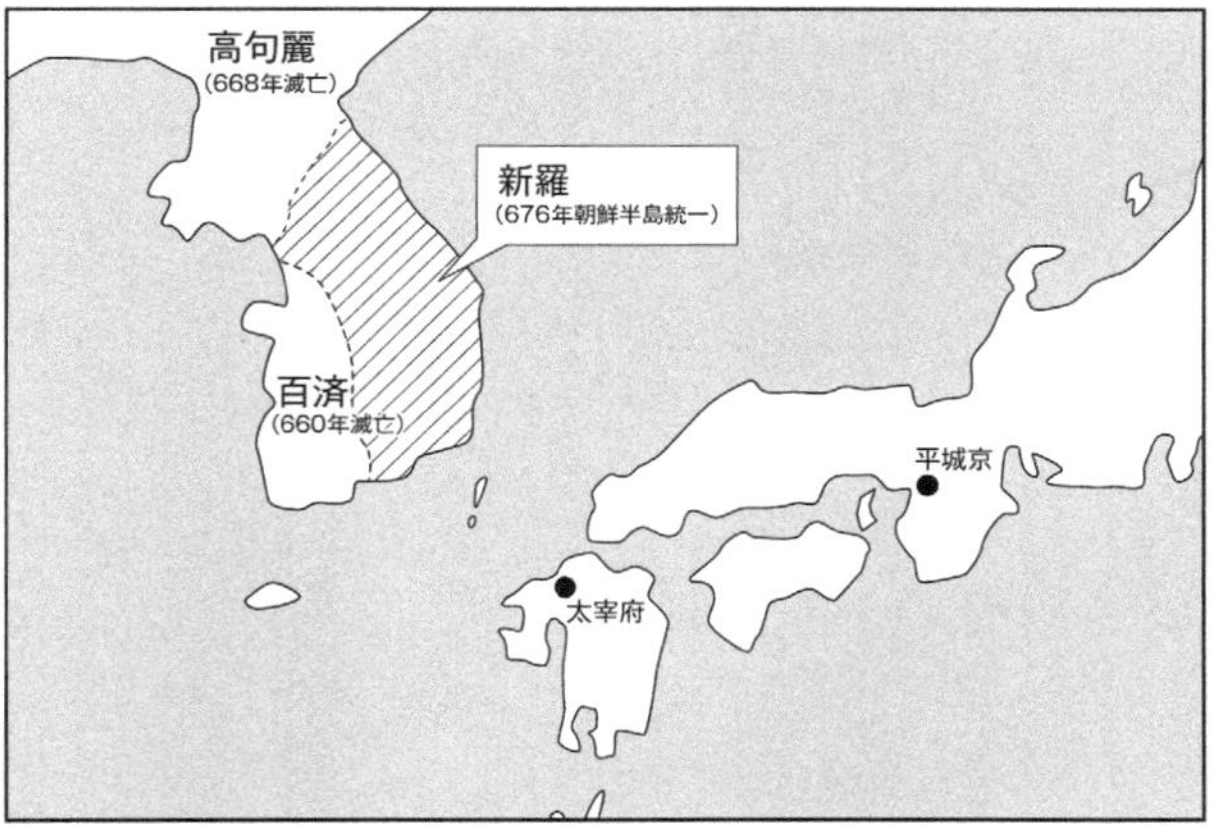

7世紀後半の東アジア

小林　じゃあ、高句麗のほうですか。

朴槿惠守護霊　まあ、高句麗には有名な大王がいたよ。

小林　いや、でも、裏切られて挟《はさ》み撃《う》ちにされたのは、大王より二百年もあとですよ。

朴槿惠守護霊　そうそう、そうだけどさ。でも、あっちの……。

小林　そうすると、要するに、二百年あとのときでしょう?

「信頼《しんらい》していた者」に裏切られるカルマを負う魂《たましい》

朴槿惠守護霊　私は、いつも、この外交がなかなかねえ……。

酒井　いつも外交で失敗する?

朴槿惠守護霊　ああ、カルマを負ってるんだよなあ。なんか、「信頼《しんらい》したやつが裏切る」という歴史が多いんだ。

小林　そのとき誰に裏切られたんですか。

朴槿惠守護霊　だから、まずいちばん駄目なのはねえ、日本なんだよ。

小林　その裏切りのときは、日本は関係ない。あれは、中国との関係だった。唐《とう》の国の関係があったから。

朴槿惠守護霊　うーん、そうだよ。

小林　唐に裏切られた？

朴槿惠守護霊　いや、だから、それは、あんまり言っちゃいけないよ。

小林　言っちゃいけない？

朴槿惠守護霊　うん。

小林　ああ……。やっぱりそうなんだ。

朴槿惠守護霊　中国っていうのは、そういうところがあるかもしらんけれども、うーん。

小林　それで、高句麗のほうが有力国だったのに、挟み撃ちにされて、唐と新羅に滅ぼされてしまいましたよね？　あの時代ですか。

朴槿恵守護霊　うーん……。

酒井　要するに、「結局、外交的に失敗する」というカルマを持っているっていうことですよね？

朴槿恵守護霊　うーん……。

7 安重根《あんじゅうこん》との「深い関係」

なぜか「日本語ペラペラ」の朴槿惠守護霊

大川隆法　それでも、これだけしゃべるのだったら、魂《たましい》のきょうだいのなかに、日《にっ》韓併合《かんへいごう》時代の人間がいるのではありませんか。

朴槿惠守護霊　ああ!! ほんと、うるさい!

大川隆法　これは、古代語ではありませんよ。どう見ても、日韓併合時代に、日本語教育を受けた人でしょう……。

朴槿惠守護霊　うるさいなあ。

小林　ああ、そうですね。日本語教育をされた人のことですね?

大川隆法　これは、ちゃんと日本語教育を受けたことのある人ですよ。

朴槿恵守護霊　（右手でさえぎるように）うるさい！　うるさい！　うるさーい！

小林　ああ、それならば、日本の歴史も、今、韓国が隠蔽《いんぺい》している自国の本当の歴史も、実は全部、頭のなかに入っているわけですね。少なくとも、あなたの魂のきょうだいたちのなかには……。

朴槿恵守護霊　うーん……、魂のきょうだいはいても、キリスト教は、魂のきょうだいを認めないんだよ。

小林　論点をずらさないでくださいよ。

安重根《あんじゅうこん》の背後に浮《う》かび上がってきた「犯行グループ」の存在

酒井　日韓併合のころのどのあたりですか。あなたは、役職というか、位《くらい》は高かったんですか。名前はあった？

朴槿恵守護霊　伊藤博文《いとうひろぶみ》はさあ、ほんとなあ、あいつだけは許せないんだよ！

酒井　いやいや、だけど、あなたが安重根《あんじゅうこん》ではないですから。

朴槿恵守護霊　ああ？　安重根はなあ、使ったんだよ。

小林　ああ、使っていたのね？　分かった！

朴槿恵守護霊　あのー、安重根……。

大川隆法　グループがありましたよね。

朴槿恵守護霊　違《ちが》う！　違う!!

小林　いや、「本当は、安重根が殺していない」と言われるぐらい、グループがあったんですよ。

朴槿恵守護霊　ああ、もうっ！　ええ？　何だよ！

伊藤博文（1841 ～ 1909）
長州藩出身。松下村塾に学ぶ。明治政府では、初代内閣総理大臣をはじめ、初代枢密院議長や韓国統監等の要職を歴任。安重根により暗殺された。

小林　「本当にズドンと撃《う》ったのは、安重根ではなかったのではないか」という有力説があるぐらいに、グループで動いていたんですよ。それはもう、歴史上、はっきりしているわけです。

朴槿恵守護霊　もう帰る！　もうやだ！　帰る！　もう帰る！

小林　あなたは、そのグループの人間だった？　あるいは、そのグループの頭領《とうりょう》だったわけですね？

朴槿恵守護霊　アアッ……！

酒井　男だ。

小林　ということでしょう？

朴槿恵守護霊　うるせえなあ、おまえはよお。いいんだよ。

小林　つまり、「伊藤博文暗殺グループの首領《しゅりょう》」というのが……。

朴槿恵守護霊　うるさいんだよ！　ああ、うるさい、うるさい、うるさい、うるさい!!

小林　首領なんですね？

朴槿恵守護霊　どうせおまえ、「ソ連とつながっている」って言いたいんだろ？　うっせえなあ！

小林　そんなことは、私は一言も言っていませんよ（会場笑）。

朴槿恵守護霊　ああっ!!

小林　あのグループがロシアとつながっていたのも、戦後、明らかになってきたんですけれども……。

朴槿恵守護霊　ああっ！

小林　私は、自分からは言いませんでしたけどね。要するに……。

朴槿恵守護霊　ああ、ちが……、違うんだよ！

小林　ああ、分かった分かった。あのグループは、調べれば、だいたい名前が分かりますから。

朴槿恵守護霊　うーん……。

安重根《あんじゅうこん》の銃弾《じゅうだん》は伊藤博文《いとうひろぶみ》に命中していなかった？

小林　そうすると、本当は、安重根《あんじゅうこん》は撃っていないのでは？

朴槿恵守護霊　撃ってるよ。だから、それ、命令したんだからね。

小林　撃ってはいるけど、実は、当たった弾《たま》は安重根のではなかったんじゃないの？

酒井　「安重根の弾は当たっていなかった」という説はありますね。

朴槿恵守護霊　だから、それ、違う、違う。それは、おまえたちがつくったんだろ？

酒井　それは違う違う。

朴槿惠守護霊　安重根は英雄《えいゆう》なんだよ、われわれの。われわれのなあ、先兵隊としてやってくれたんだよお。

酒井　それ、銃弾《じゅうだん》が違うんですよ。

小林　うん。銃弾が当たってないんですよ、安重根のは。

酒井　「違う拳銃《けんじゅう》からの弾だった」と言われていますね。

大川隆法　だから、「ケネディを殺した」というオズワルドと同じで、最初から犯人に仕立て上げるつもりでいたのでは？

安重根《あんじゅうこん》の霊《れい》が語った「私が犯人でなかったら困る人たち」とは

小林　以前、安重根《あんじゅうこん》の霊《れい》を呼んだとき（二〇一三年六月二十九日招霊《しょうれい》。前掲《ぜんけい》『安重根は韓国の英雄か、それとも悪魔《あくま》か』参照）に、「私が犯人でなかったら、困る人たちがいるんだ」と、正直に言っていたんだけれども、それは、もしかして、あなたたちのことだった？

酒井　隠蔽工作のために、安重根の霊の後ろに来ていたわけですか。

小林　余計なことをしゃべらないようにね。

大川隆法　あれは、当然、駅には何人も張り込《こ》んでいましたからね。

朴槿恵守護霊　それはいますよ。安重根一人行かすわけないじゃないの？

小林　ああ、そうでしょうね。

大川隆法　何人もいたに決まっていますからね。

朴槿恵守護霊　確実に仕留《しと》めなきゃいけなかったんだよ、あんときにはな。

小林　うん。だから、大勢派遣《はけん》したわけですね？

朴槿恵守護霊　ハルビンで、確実に仕留めなきゃいけない……。

大川隆法　支援《しえん》団体がいたからでしょう。

朴槿惠守護霊　もちろん、何重のあれがあったよ。ケネディだってそうだろうが、たぶん。知らんけどさあ。

小林　それを、あなたが指示を出したわけですね？

朴槿惠守護霊　いや、たぶん、指示は、上の……、国のほうから出てんだろう？

小林　あなたが実行部隊の責任者だった？

酒井　それでは、あのときの政権の閔妃《ミンぴ》とか、ああいう一族ではなかったわけですよね？

朴槿惠守護霊　ああ……。うん、あれもかかわってはいたよ。

小林　かかわっていたね？　うんうん。

朴槿惠守護霊　うーん。恨《うら》んでいたから

閔妃（1851～1895）　李氏朝鮮の第26代王・高宗の妃。驪興閔氏の一族、閔致禄の娘として生まれた。

な、日本陸軍を。

小林　うん。そうね。うん。

酒井　ただ、あなたはそういうレベルの人ではないということですね？

朴槿恵守護霊　私は、だからねえ、もうちょっと賢《かしこ》いんですよ。

大川隆法　韓国人だけど、日本と併合されていたから、警察関係だな？

朴槿恵守護霊　もう、この人、退場でいいよ。

酒井　退場（苦笑）……。

朴槿恵守護霊　もう、うるさい。うるさいよ。退場だよ、退場だよ。

小林　正直に行きましょうよ。

朴槿恵守護霊　いや、だから、そんな過去世《かこぜ》だったらねえ、私は、大統領でいられなくなるんですよ。

小林　警察関係だったんですね？

酒井　なるほど。

朴槿恵守護霊　違う。私は……。

酒井　あなたが撃った？

朴槿恵守護霊　違う。撃っ……、撃って、私は撃ってない。

伊藤博文《いとうひろぶみ》事件にかかわる「意外な新事実」に迫《せま》る

朴槿恵守護霊　安重根を英雄にしたのは私なんですよ。

小林　ああ、なるほど。

朴槿恵守護霊　だから、今回も、（安重根を）英雄にするために、習近平《しゅうきんぺい》を説得して（ハルビンに）記念館を建ててるんですよ。

小林　なるほど。

大川隆法　「英雄にしてやるから、おまえ、捕《つか》まれ」ということだったんでしょう。

朴槿惠守護霊　それ、安重根は、まあ、犠《ぎ》牲《せい》者《しゃ》です。だから、〝イエス・キリスト〟は私だから。彼は……。

酒井　犠牲者って、あなたの犠牲者ね？

要するに、安重根は弾を外したんですよ、実は。撃ちそびれてしまったんです。だけど、当たった……。

朴槿惠守護霊　だって、あいつ、素人《しろうと》だもん、はっきり言って。「捕まってもいい人間」として、やったんだから。

小林　うん、うん。〝トカゲの尻尾《しっぽ》切り〟ね。

大川隆法　だから、あなたのお父さん（朴正熙《パクチョンヒ》）と同じように、警備すべき側に撃たれたら、たまらないわね。

朴槿惠守護霊　たまんない。

大川隆法　そうですよね。

朴槿惠守護霊　われわれはねえ、隠《かく》れて隠れて、最後まで自分を。

酒井　つまり、あなたは、「伊藤博文《いとうひろぶみ》の警護」だったんだ？

小林　要するに、警備部隊ですね。今日は、ジョン・F・ケネディの話はしませんけどね。あのときも、警備に撃たれたという説も……。

朴槿惠守護霊　あのねえ、あなた。あんなバカ一人でねえ、「伊藤博文が、どこをどう通っていくか」なんて、知ってるわけないでしょうが。なんで知ってたのよ？

小林　うーん。

朴槿惠守護霊　しかも、警備がいるのに、なんでやられるのよ。普通《ふつう》、やられないよ。

小林　うん、やられないよね。では、その警備部隊がパッと振《ふ》り向いて、ズドンと撃ったんですね？　それで、その警察官というのは……。

朴槿恵守護霊　いや。安重根……、撃ったのは安重根。

小林　いえいえ。今の話からすればそうだから。でも、これは、なかなかのスクープですね。

酒井　「それをやったあとの韓国がどうなったか」というのは、あなたも見ているわけですよね？

朴槿恵守護霊　見ています。うーん……。うーん……。

酒井　「日韓併合されても、しかたがなかった」と思いますよね？

朴槿恵守護霊　併合されて、しょうがないわよ。何言ってるんですか。

小林　だって、伊藤博文は日韓併合に反対していたんですよ。

朴槿恵守護霊　あいつは併合反対してたけど、ほんとは極悪人《ごくあくにん》で、〝韓国の神〟になろうとしてたんだからねえ。あいつは許せないわよ。

「中国大陸と韓半島は同じ民族」説が飛び出す

酒井　ただ、日韓併合されるシナリオは考えていたでしょう？

朴槿惠守護霊　うーん……。

大川隆法　親分が清国《しんこく》だったからね。その十五年ぐらい前に、清国は、日本にボロボロに負けてしまって、賠償金《ばいしょうきん》から、領土から、いっぱい差し出したわけですからね。

朴槿惠守護霊　だからね、清……、中国の、あの大陸のところとねえ、韓半島のここはねえ、同じなのよ。同じ民族で、いつも共闘《きょうとう》してるのよ。分かる？

酒井　「同じ民族」というより、「属国」ですよね？　いつも。

朴槿惠守護霊　いやいや、同じ民族なの。

酒井　いつもなびいていたと？

朴槿恵守護霊　違うのよ。同じ民族なんですよ。

小林「同じ民族じゃない」って、さんざん言ってるじゃない？　今の韓国の人たちと、あなたは。

朴槿恵守護霊　いや、それは……。うーん。そうだけど、本質的には一緒《いっしょ》なのよ。だから、利益共同体なのよ。

酒井　中国には民族がたくさんあるわけですよ。満州《まんしゅう》にも、漢民族も、モンゴルもあったわけです。

朴槿恵守護霊　とにかく、日本に併合されるのは駄目《だめ》なのよ。

酒井　要するに、あなたたちの心情の問題なの？

朴槿恵守護霊　心情の問題じゃなくて、信仰《しんこう》っていうか、民族観の問題なのよ。

酒井　民族観としては、中国の属国で……。

朴槿惠守護霊　あんたがたみたいなね、野蛮《やばん》の民族観と一緒じゃないのよ。

小林　その中国が、今は共産主義国家になっているにもかかわらず、そこと一体となろうとしているところに問題があるわけですよ。

朴槿惠守護霊　何が悪いのよ。うん？

小林　悪くないわけ？

朴槿惠守護霊　悪くないじゃない？

酒井　分かった分かった。

朴槿惠守護霊　繁栄《はんえい》のためにはね、日本に併合されるんじゃなくて……。

中国の「少数民族への弾圧《だんあつ》」は気にしない？

酒井　ただ、あなたの意識としては、一般《いっぱん》の韓国人については奴隷《どれい》のように思っていたでしょう？　そういう立場でしょう？

あなたにとって、一般の韓国人と、統治の韓国人とは、どちらが上だったんですか。

朴槿惠守護霊　何よ、「上・下」って。何のことよ?

酒井　位があったわけですよね?　当時は。

朴槿惠守護霊　そりゃ、私のほうがお金をもらってるに決まってんじゃないの?　日本から金をせびってんのよ。日本から……。

酒井　下の人たちは、本当にもう、言葉も何も勉強できないわ、仕事もできないわで、ほぼ奴隷状態でしたよ。

朴槿惠守護霊　だから、あんたがたから搾取《さくしゅ》して、勉強したんじゃないの。

酒井「そういう国がいい」ということですよね?　あなたは。中国もそういう国ですから。

朴槿惠守護霊　え?

酒井　中国もそういう国でしょう？　今。

朴槿恵守護霊　うーん、だから、私たちは、常に中国のやり方を学んでるのよ。

小林　今の中国のやり方を学んでいるのね？

朴槿恵守護霊　「今」っていうか、昔からのやり方を学んでるのよ。

酒井　では、ウイグルとか、ああいう民族問題は、別に、気にしない？

朴槿恵守護霊　何にも問題ないじゃないの？

小林　チベットも？

朴槿恵守護霊　今は、あんたがたが怪《あや》しげなプロパガンダをやってるでしょ？

酒井　あれだけ人を殺されても、中国当局からは「テロリスト」だと勝手に認定されて、どんどん殺されていったら、もう……。

朴槿恵守護霊　何言ってるの？　あんたがたの殺した数に比べれば、もう、微々《びび》たるもんよ、ほんとに。

8　日本は「眠《ねむ》れるドラゴン」

韓国《かんこく》に「ハングルの使用」を勧《すす》めた伊藤博文《いとうひろぶみ》をどう思うか

大川隆法　しかし、「やはり、何かおかしい」と、私は思う。伊藤博文《いとうひろぶみ》などは、併合《へいごう》にも賛成ではなかったたし、韓国《かんこく》にハングルを使わせるように勧《すす》めていた人ですからね。

朴槿惠守護霊　知ってるわよ、そんなの。知ってるけどね。「日本人が正しい。伊藤博文が正しい」っていう人間もいたのよ。当時、韓国のなかに。

小林　うん、いましたよね。

朴槿惠守護霊　でも、あんなやつらにねえ、韓国治政を席巻《せっけん》されてたまるかっていうの。

酒井　じゃあ、要するに、政権争いだ。

朴槿恵守護霊　当たり前よ。

酒井　特権階級を維持《いじ》したかったんだ？

朴槿恵守護霊　「特権階級」っていうかねえ、日本から教育とかお金とか、技術を盗《ぬす》むのはいいわよ。いいけどねえ、その日本と、ちゃんと、日韓で協同していくっていうのは納得《なっとく》いかないのよ、私は。

酒井　なぜ？

朴槿恵守護霊　ああ、嫌《きら》いだから。日本民族。

酒井　嫌いな理由は？

朴槿恵守護霊　だって、下等民族だもん。

酒井　下等民族？

小林　いやいや、そっちへ話をそらさないで。

朴槿恵守護霊　下等民族だから。

小林　あなたは、何か過去にあったんでしょう？　日本との間に。

朴槿恵守護霊　何よ、「過去に」って。

小林　あなた自身の魂《たましい》の個人的な体験として、日本国との間に何かあったんでしょう？

朴槿恵守護霊　だって、卑《いや》しい民族じゃない？

小林　いやいや、そうじゃなくて……。

フランス漫画祭《まんがさい》での韓国《かんこく》人作品が「中国の漫画」に似ている謎《なぞ》

朴槿恵守護霊　フランスでのあれ、見たでしょ？　あの、漫画《まんが》。卑しい顔の日本人、あれはあなたたちの……。

小林　あのワンパターンの、いつものフェイクね。

朴槿恵守護霊　ワンパターンじゃない。あれが日本人の底流に流れる、民族の〝あれ〟じゃないの？

小林　その話は別として……。

大川隆法　中国人が描く漫画によく似てるなあ。中国の日本……。

朴槿恵守護霊　だから、退場よ。この方は。

酒井　いやいや。だけど、似ているというのは事実でしょう？

大川隆法　あんなふうな日本兵だよね？　出てくるのは。

酒井　そうです、そうです。

小林　もしかしたら、中国にやってもらったわけ？

酒井　中国との共同作品？

朴槿惠守護霊　知らないわよ！　そんな細かいことは。

酒井　ただ、あなたの心情としては、要するに、もう中国人なんだ？

朴槿惠守護霊　うん、そうよ。

酒井　「中国に国を売ったほうがいいのではないか」と？

朴槿惠守護霊　いや、中国の価値観は正しいし、中国のやり方をまねてるの。ただ、中国は、外にはきれいに見せるでしょ？

「共産主義の何が問題なの？」という歴史観を語る

酒井　では、あなたは、共産主義についてどう思うんですか。

朴槿惠守護霊　うーん、別に問題ないんじゃない？　何が問題なの？

酒井　問題ない？

朴槿恵守護霊　うん。別に。

小林　ただ、日清《にっしん》戦争でボロ負けして、「あの国についていったらまずい」というふうに思わなかったのですね？　その結果、国の道をちょっと誤ってしまったわけですけどね。

朴槿恵守護霊　日清戦争で負けたのは、ちょっとびっくりしたわね、あれはね。

小林　びっくりしたでしょう。でも、それは、やっぱり、近代化に失敗したからですよ。

朴槿恵守護霊　「眠《ねむ》れる獅子《しし》」が、眠ったままになっちゃったのよ、清は。

大川隆法　いや、でも、日露《にちろ》戦争にしても、あれで日本が負けていたら、半島はロシアに支配されていました。もし、向こうが勝っていたら、（日本も朝鮮《ちょうせん》も）支配されていて……。

朴槿恵守護霊　だから、それは、あなたがたの歴史観じゃないの。

大川隆法　いずれにしても、そうなっていたら、今、あなたはロシア語をしゃべっているはずですよ。

小林　そうですよ。そのままでは……。

朴槿恵守護霊　違《ちが》う。私の歴史観は……。

小林　そしてロシア革命が起きたら、全部丸ごと、「真《ま》っ赤《か》な朝鮮半島」になってしまっていたわけですよ。

朴槿恵守護霊　いやあ、そのときは、ちゃんとねえ、清国とロシアに乗り換《か》えますから、私は。

小林　いやいやいや（笑）。

酒井　ロシアに乗り換えるの？

朴槿恵守護霊　うん。

酒井　ほう。要するに、「国はなくてもいい」ということですよね？

朴槿恵守護霊　いや、国は、私の外交によって保たれるんですよ、たぶん。

酒井　いや、しかし、失敗した歴史ばかりではないですか。要するに、「日本人だけは嫌《いや》だ」と？　ロシアもいい。中国もいい。

朴槿恵守護霊　うん。

酒井　日本は嫌だ？

朴槿恵守護霊　嫌だ。このねえ、汚《きたな》い民族はね、絶対嫌だ！

韓国《かんこく》に「漢江《かんこう》の奇跡《きせき》」をもたらした父・朴正熙《パクチョンヒ》への複雑な思い

大川隆法　でも、大統領だったお父さんは、日本に、親和政策を打って、「漢江《かんこう》の奇《き》跡《せき》」といわれる経済発展を起こしました。

朴槿恵守護霊　あんなのねえ……。クソ親父《おやじ》は洗脳されてるんだよ、日本で勉強して。

小林　はっきり言って、韓国《かんこく》の歴史のなかで、ほとんど唯一《ゆいいつ》、成功した時代をつくったのは、日本を模範《もはん》にしたあなたのお父さんですよ。

朴槿恵守護霊　チェッ……。だから、殺されてるんじゃない、バカが。

大川隆法　うーん、それで嫌なのか……。だったら、もう、分かるけれども、今世《こんぜ》の……。

朴槿恵守護霊　だいたいねえ、韓民族は、根底的に日本が嫌いなのよ。根本的に嫌いなのよ。

小林　そうしたら、中国もあるのかな？　中国で生まれたことがありますか。

酒井　中国の過去世《かこぜ》には金《きん》がありますよね？

朴槿恵守護霊　それは……、うーん、うーん。

大川隆法　どうも、昔へ行くほど国家意識が薄《うす》れるようです。どうも、はっきりしないですね。

小林　基本的に、「国」という概念《がいねん》がないような感じですね。

大川隆法　そうそう。中国から見れば、周りの蛮族《ばんぞく》の一つだったのでしょう？　大中国から見れば、「東夷《とうい》」のほうの人だったのでしょう。

朴槿恵守護霊　あんたがたの言う「中華《ちゅうか》思想」っていうのと同じね、「韓国思想」っていうのは、あなたには分からないのよ。あんたがた低級な民族には。

韓国のねえ、このねえ、深い思想性が分からない。

酒井　確かお父様は、「自己責任に基《もと》づいて、もっと自立した国になれ」というメッセージを出していたわけですよね？

朴槿恵守護霊　だから、完全にさあ、日本の思想にもう〝洗脳〟されてる。日本陸軍に〝洗脳〟されてますからね。完全に〝洗脳〟されてますから。

小林　〝洗脳〟じゃなくて、要するに「啓蒙《けいもう》された」わけですよ。

朴槿惠守護霊　〝洗脳〟です。

小林　ああ、それを〝洗脳〟と見るわけね？

朴槿惠守護霊　もう、あのヒトラー率《ひき》いるあちらの勢力に、ぜーんぶ〝洗脳〟が入ってますからね。

「日本文化」が入って韓国《かんこく》を変えられることが怖《こわ》い

大川隆法　今、韓国《かんこく》の文化がたくさん日本に入ってきていますが、歌手とか、ドラマとかがたくさん入ってきても、韓国のほうは、長らく日本のものを入れないように一《いっ》生懸命《しょうけんめい》やっていましたよね？

朴槿惠守護霊　うーん。だから、韓国っていうのは、日本を利用するために存在してるんです。

大川隆法　本当は怖《こわ》いのでしょう？　日本文化が入ってきて、変えられることが。

朴槿恵守護霊　怖いわよ。あんたがたはねえ、ほんと、何て言うの？　なんか「リヴァイアサン」って話もあるけど、なんか、「眠れるドラゴン」じゃないけど、なんかねえ。

酒井　中国より怖い？

朴槿恵守護霊　なんかねえ、あんたがたは、隠《かく》し持ってるのよ。なんか、おっかないものを、いつの時代も。ほんっとに。

なんで、あんな島国みたいな細長い国がさあ、韓国を支配しにこれるのよ、ほんっとに。おかしいんじゃないの？

小林　支配しに行ったんじゃなくて、あのままいくと、おたくの国

リヴァイアサン
『旧約聖書』に登場する、神によって創造された、海の怪物。上はトマス・ホッブズ著『リヴァイアサン』の口絵。

がひどいことになるので、やむをえず合邦《がっぽう》しただけの話なんです。

朴槿惠守護霊　違うよ。あんたがたも、さんざんひどいことをしていったじゃないのよ。

小林　もう、話をつくるのは、やめましょう。

「日本人から窃取《せっしゅ》する」という経済の発想

酒井　あなたの国は、あなたがいたときには法治《ほうち》国家ではなかったわけですよね？

朴槿惠守護霊　それはもう、派閥《はばつ》が大変だったのよ、いろいろ。

酒井　いや、その下の民衆のことですよ。

朴槿惠守護霊　民衆なんかどうでもいいわよ。私たちが大事なのよ。

酒井　あ、どうでもいいんですか。

朴槿惠守護霊　え？

酒井　民衆に生活などなかったじゃないですか。

朴槿恵守護霊　ないかもしれないけど、いいのよ。民衆は、私たちが富めば自然に富むのよ。

酒井　民衆が富まなかったのが、韓国の歴史でしょう?

小林　うーん。民衆には、名前もなかったし……。

朴槿恵守護霊　いやあ、それは窃取量《せっしゅ》が足んなかったからよ、日本人からの。日本人から窃取する能力が足んなかった……。

小林　要するに、「奪《うば》う力が足りなかった」って?

朴槿恵守護霊　うーん。

小林　基本的に「経済行為《こうい》は奪うものだ」という発想ですね?

朴槿恵守護霊　うーん、あんたがたがさあ、ひどいことをしてるから、なかなか……。

小林　だから、また、そうやって話をつくらない。

日本によるインフラ整備は「非礼」に対する謝罪か

大川隆法　日本がお金を出して水力発電のダムもつくりました。
朴槿恵守護霊　そうよ。つくったよ。
大川隆法　道路をつくりました。
朴槿恵守護霊　そうよ。
大川隆法　朝鮮半島に学校もたくさん建てたのです。
朴槿恵守護霊　そう。あんたがたがバカだから、どんどん建てていったのよ。
大川隆法　学校を建てたので、ずいぶん近代化が進んだわけですよ。
朴槿恵守護霊　当ったり前じゃない。だから、謝罪として、多少はああいうのを建て

京城女子師範学校

朝鮮総督府

京城駅

水豊ダム

京城ー釜山間の鉄道起工を祝う様子

仁川港

日本統治時代の朝鮮（1910 ～ 1945）
日本は、国内の税金を朝鮮のインフラ整備に投入しており、鉄道、水道、電気などの設備は日本国内と大差なかった。また、教育面でも、日本国内で行われていた学校教育と差はなかったとされる。

ていったんでしょ？　違う？

酒井　謝罪ではないですよ。

朴槿惠守護霊　謝罪よ、あんなの。「韓民族に失礼なことをした」っていうことで、謝罪として、基盤《きばん》を、インフラを整えていったんじゃない？

台湾《たいわん》元総統・李登輝《りとうき》を〝ジャップかぶれ〟と罵《ののし》る

酒井　あなたがたは、李登輝《りとうき》（台湾《たいわん》元総統）のような考えを持っていれば、その後も発展したんですよ。

朴槿惠守護霊　李登輝なんてのは、もう……。

酒井　韓国が発展してきたのは最近でしょう？

朴槿惠守護霊　あの〝ジャップかぶれ〟が。ほんっとに。くっだらない……。

酒井　台湾と韓国との違いは、何だったと思います？

朴槿恵守護霊　今、韓国は発展したよ。台湾も発展してるもん。

酒井　いやいや、戦後の台湾と韓国の違いは？

朴槿恵守護霊　違い？　「違い」って……。違いはちゃんと歴史観を持ってたことだよ。

小林　ある意味でそうですね。だから、その韓国の歴史観が、今の不幸と混迷《こんめい》を招いているわけですよね？

朴槿恵守護霊　不幸なんかないわよ。

9　韓国《かんこく》も北朝鮮《きたちょうせん》も「民族性は同じ」

「この本が出れば、習近平《しゅうきんぺい》が信頼《しんらい》する」という期待

小林　それでね、さっきから聞いていて、非常に驚《おどろ》くのは、「われら韓《かん》民族、われら韓民族」と言っていることです。「朝鮮《ちょうせん》の人の癖《くせ》」と言ったら失礼だけれども、よっぽど中国のお先棒《さきぼう》を担《かつ》ぐことに、自らの存在意義を求めているわけです。この姿勢は、今日の霊言《れいげん》のなかで最大の発見の一つでした。よく分かりましたよ。

朴槿恵守護霊　いや、いいよ。この本が出たらね、習近平《しゅうきんぺい》も私を信頼《しんらい》するわよ、たぶん。

小林　（苦笑）まあ、そうかもしれないですけどね。

朴槿恵守護霊　「韓国は信頼に足る」と。

小林　信頼というか、「これは、よく使える」ということですね。

朴槿惠守護霊　うーん。

「元寇《げんこう》」における朝鮮《ちょうせん》人の残虐行為《ざんぎゃくこうい》を認める

大川隆法　そうは言いますが、元寇《げんこう》のとき、日本を攻《せ》めてきた十数万の軍勢のうちの十万ぐらいは、韓半島から来ています。

朴槿惠守護霊　そうでしょ？

小林　高麗《こうらい》ですね。

朴槿惠守護霊　そうよ。もう、攻め込《こ》んでやなあ……。

大川隆法　高麗人もいるかもしれませんが、あちらから来ましたからね。船をつくったのは、あそこですから。

朴槿惠守護霊　そうよ。私たちの歴史観ですよ。

大川隆法　朝鮮半島《ちょうせんはんとう》で船を建造して、乗組員は、ほとんど朝鮮半島の人で、中国人は指揮官として乗っていただけです。九州武士と戦ったり、対馬《つしま》で戦って皆殺《みなごろ》しにしたりしたのは、韓国の人たちですよね？

朴槿惠守護霊　そう。まあ、残虐《ざんぎゃく》なさあ。

酒井　あの殺し方は、残虐ですよね。

朴槿惠守護霊　手に穴を開《あ》けて、奴隷《どれい》として連れていったのは、私たちよ。

酒井　手に穴を開けてね？

朴槿惠守護霊　そうなのよ。

大川隆法　昔から、人をさらうのも好きなようですね。

朴槿惠守護霊　そうよ……。うーん。

大川隆法　（苦笑）

朴槿惠守護霊　ちょっと違《ちが》うわよ。

金正恩《キムジョンウン》と同じである「日本への気持ち」

酒井　それでは、国民性は北朝鮮と変わらない。あなたが考えていることは同じでしょう？

朴槿惠守護霊　同じ民族だもん。当たり前じゃない。

小林　そうなんだ。

朴槿惠守護霊　本質的には一緒《いっしょ》よ。

酒井　金正恩《キムジョンウン》と気持ちは一緒？

朴槿惠守護霊　まあ、日本への気持ちは一緒ね。

ただ、「韓帝国《ていこく》を、朝鮮半島をどっちが支配するか」と、ぶつかるけどね。

酒井　ただ、あなたは、「いざとなったら逃《に》げる」と言い切っていますよね？

朴槿惠守護霊　それは、自分の命がいちばん大事ですよ。

「電話一本」で中国が守ってくれると信じている

大川隆法　金正恩は、●広開土王《こうかいどおう》のようになりたいらしいから、釜山《プサン》まで攻める気でいるらしいのです。

朴槿惠守護霊　何言ってんのよ。まだ、おっぱいも離《はな》れてないようなガキが、ほんとに。

酒井　ただ、あちらのほうが、はっきり言って、あなたよりも強気ですよ。

朴槿惠守護霊　ええ？　もう、今、「いっ

広開土王（好太王）（374 ～ 412）高句麗第 19 代王。百済への侵攻等で領土拡大し、衰退しかかっていた国勢を立て直した。

ぱいっぱい」じゃないの。

酒井　ただ、あなたは逃げるのでしょう？　いつも、そうやって。

朴槿恵守護霊　逃げるわよ（会場笑）。

酒井　彼は、たぶん、気が狂《くる》ったように攻めまくりますよ。

朴槿恵守護霊　北朝鮮のへっぴり腰《ごし》なんて、もう、話になんないですから。私が、中国に一本電話をすればＯＫよ。それで。

小林　それを真面目《まじめ》に信じているんだ？

朴槿恵守護霊　うん。電話一本。唐《とう》もそうだったけど、電話一本でいいのよ。

小林　それで唐に裏切られたのね。

「韓国《かんこく》が自滅《じめつ》する」という意見への反発

酒井　ある意味で、われわれは老婆心《ろうばしん》ながら、こういうことを言っているんですよ。

ある霊人《れいじん》によれば、その霊人とは黒田《くろだ》長政《ながまさ》のお父さん（黒田官兵衛《かんべえ》）なのですが、「韓国《かんこく》はもうほっといたほうがいい。あまり気にしないで、言いたいだけ言わせておけばいい」とも言われているんですよ（『軍師・黒田官兵衛の霊言』〔幸福の科学出版刊〕参照）。「そのうち、あなたがたは自滅《じめつ》していく」ということですよ。もし日本を切ったらね。

朴槿惠守護霊　何が、くそ！　そのくらい……。（舌打ち）フンッ！　自滅していくのは、あんたたちのほうよ。

酒井　「本当に中国が経済的にもつかどうか」という判断は、すごく重要ですよ。

朴槿惠守護霊　もつわよ。もう、二〇一六年、二〇年というのは、大躍進《だいやくしん》するのよ。……。

酒井　あなたがたの国は、ほとんどサムスンとか、ヒュンダイとか、ああいう企業《きぎょう》が

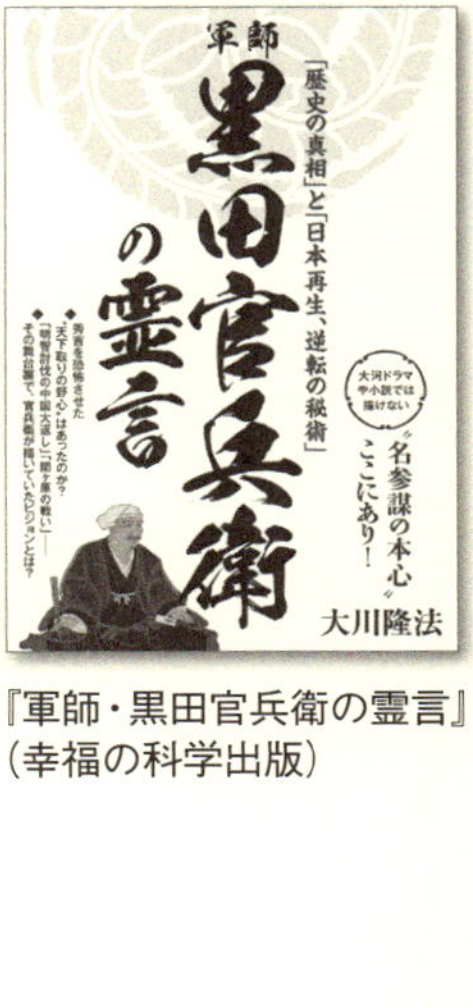

『軍師・黒田官兵衛の霊言』
（幸福の科学出版）

朴槿恵守護霊　あんたがたは、世界へ行ってみなさいよ。あんたがたの企業なんか……。

酒井　いやいやいや、ちょっと待ってください。「ああいう企業がGDPのほとんどを占《し》めている」という異常な国なんですよ。わずかな会社が、国富の大半を占めているようなね。

朴槿恵守護霊　格差が非常に大きい……。うーん。別にいいじゃない。

酒井　いや、その会社が落ちぶれたら、国は終わりですよ。

朴槿恵守護霊　落ちぶれないよ。

酒井　サムスンが終わったら?

朴槿恵守護霊　頑張《がんば》ってるわよ。今、スマホなんかで頑張ってんじゃないの。頑張ってるよ。

「オバマは習近平《しゅうきんぺい》に勝てない」と信じている？

小林　いずれにしても、あなたの中国経済についての見立てを世界の人が聞いたら、韓国投資から一斉《いっせい》に逃げ出しますよ。

朴槿惠守護霊　逃げ出さないよ。中国には軍隊がいるんですからねえ。

酒井　いや、軍だけでは勝てないでしょうね。

朴槿惠守護霊　アメリカのほうだって握《にぎ》ってんだからね。オバマは習近平《しゅうきんぺい》に勝てないわよ。顔を見たら分かるもん。

小林　顔で判断するの？

酒井　もう、資本主義に入っているんですから、国民が飢《う》えて……。

朴槿惠守護霊　資本主義もねえ、弱いときは弱いのよ。トップが弱いと資本主義は弱くなるのよ。

酒井　いや、軍隊じゃなくて人ですから。軍隊の人だって家族がいるわけですから。中国でも飢え始めたら、大変なことになりますよ。

朴槿惠守護霊　だから、さっきから言ってんじゃないのよ。こちら（大川隆法）に入ってるときから。食料が要《い》るのよ。

韓国《かんこく》の思想からすれば「従軍慰安婦《じゅうぐんいあんふ》」は当然のこと

小林　さっき、こちら（大川隆法）に入られているときにも、チラッと言われてましたが、要するに、「従軍慰安婦《じゅうぐんいあんふ》問題というのは、でっち上げだ」と。自分たちも分かってやっているわけですね？

朴槿惠守護霊　いや、違うの。でっち上げじゃないですよ。事実ですから。

酒井　いや、さっき「でっち上げ」って……。

小林　いえいえ、言ったよ、言ったよ。

朴槿惠守護霊　だから、それは……。

大川隆法　「自分たちがやったようなことを（日本も）するだろう」と思っているわけですね。

朴槿惠守護霊　それはな、われわれがやった経験からすれば、絶対やってます、日本陸軍は。

小林　ということは、あなたがたは、経験として、そういう強制行為《こうい》を自分たちがしていた？

朴槿惠守護霊　いや、もうね、われわれの思想からしたら、中国も日本も、やらないわけがないんですよ。

酒井　とすると、あなたは、警察官だったから、あなたも、そういうことはよくやっていた？

朴槿惠守護霊　なんで、警察官って認定すんのよ。

酒井　え？　そういう経緯《けいい》だったでしょう？

小林　要するに、「韓国人《かんこく》はそういうことをやらないわけがない。中国はそういうことを韓国に要求してきて、やらされた。だから、ほかの国もやっているに違いない」ということですね？

朴槿恵守護霊　なんか、あんたね、言葉がいやらしいよね。

小林　そういうことですね？

朴槿恵守護霊　あんたの言葉には、なんか棘《とげ》がある。

小林　いやいや、そうやってごまかさないで。

酒井　そういうことでしょう？

朴槿恵守護霊　なんか、一部違う気がすんだよ……。

「日韓併合《にっかんへいごう》」の時代と関係があるのか

酒井　要するに、あなたは、警察官か何か知りませんが、そういう立場を利用して、何かやっていたのでしょう?

朴槿惠守護霊　いつのことを言ってんのよ。

酒井　日韓併合《にっかんへいごう》のころです。

そういう立場を利用して、何か女性を虐待《ぎゃくたい》するようなことをしていませんでした?

朴槿惠守護霊　私は別にしてないわ。私はもう、清廉潔白《せいれんけっぱく》な人間ですから。

酒井　あ、そう。

朴槿惠守護霊　そんなね、あんたがた日本人みたいにねえ、女性を犯《おか》して喜ぶような人間じゃないので。

酒井　では、「自分たちの観点からしたら、ほかの人たちもやっている」ということですが、あなたは、そういうことを韓国人がやっているのを、見たり聞いたりもしなかった？

朴槿恵守護霊　だから、そんなねえ、過去の歴史のなかでやった話であって、別に、われわれ韓国はねえ、そんな日本人がやったようなことは、絶対にやってないですよ。大戦のときは。

酒井　やっていない？

朴槿恵守護霊　うん。やってないです。

小林　いやいや、過去の歴史でやりまくってきたことは、もう、はっきりしているから。

朴槿恵守護霊　それは……。

小林　あるいは、中国にやらされまくってきたこともはっきりしているから。

朴槿恵守護霊　うーん。それはいいですけど、あのとき、私はやっていないですから。

だから、今、日本に対して自信を持って言えるんですよ。

さらなる「過去世《かこぜ》」の追及《ついきゅう》に激しく取り乱す

小林　日本が従軍慰安婦の強制をやっていないことが分かったし、それから、実は安《あん》重根《じゅうこん》を使って、伊藤博文《いとうひろぶみ》を暗殺した中心人物だということを認めたわけですよね？

朴槿惠守護霊　まあ、中心人物っていうのは……。

小林　あるいは、「現場部隊の責任者だった」と？

朴槿惠守護霊　うーん。

小林　だから、「同じことを、今世《こんぜ》もやりたいと思って、習近平と組んだ」ということも、先ほどおっしゃっていた。それはそうですね？

朴槿惠守護霊　とにかくねえ、安倍《あべ》首相は……。

大川隆法　金《キム》さん、もう、早く認めたほうがいいですよ。

朴槿恵守護霊　（首を激しく左右に振《ふ》る）認めたくない……（舌打ち）。

大川隆法　（苦笑）

朴槿恵守護霊　あのね、安倍にねえ、あの従軍慰安婦の像……。

酒井　金ですね？

朴槿恵守護霊　（舌打ち）あああああっ！（足を激しく踏《ふ》み鳴らす）ああっ！（足を踏み鳴らす）

小林　金さん？

朴槿恵守護霊　（足を踏み鳴らす）

酒井　金さん？

朴槿恵守護霊　（足を踏み鳴らす）

小林　金、何さんかな？

朴槿恵守護霊　（足を踏み鳴らす）

大川隆法　金さんは、たくさんいますし、二百ぐらいしか名字《みょうじ》がありませんからね。名字は「金《キム》」でしょう。

朴槿恵守護霊　ああっ、もう、退場、退場、退場……。退場、もう……。

小林　どちらにしても、調べればすぐ分かってしまうことなので、ご自身からおっしゃったほうがいいですよ。

朴槿恵守護霊　（舌打ち）うーん……（足を踏み鳴らす）。

大川隆法　まあ、いいでしょう。

10 北朝鮮《きたちょうせん》の暴発にどう対処するのか

「日本人を奴隷《どれい》にしたい」「中国に亡命《ぼうめい》したい」という本音

大川隆法　とにかく、今、どうしたいのでしょうか。

朴槿恵守護霊　とにかく、あんたがたの教団をすぐなくしたくて……。

小林　だから、そうやって感情的に悩乱《のうらん》するんじゃなくて、もう少し理性的に整理しましょうよ。

朴槿恵守護霊　われわれが打つ手に、全部、手を打ってきやがって、ほんっとに……。

小林　だから、理性的に整理すると、国の方向として、何をやっているんだか、意味不明というか……。

酒井　あなたは、韓国《かんこく》という国、あるいは、あなた自身が、最終的には、どうなったらいいと思っているわけですか。

朴槿惠守護霊　奴隷《どれい》にしたらいいわね。日本人を最終的に。

酒井　いや、その前に、あなた自身は、どうなりたいわけですか。

大川隆法　いや、この人は「亡命《ぼうめい》」を考えています。中国に亡命することを考えていると思いますね。今、タイのようになって、追い出されて亡命するルートをつくろうとしているように見えますね。

小林　ああ、それが目的ですか。

朴槿惠守護霊　認めないわよ。認めない

就任後、ほどなく中国を訪問した朴槿惠大統領。習近平主席は、会談に先立ち、人民大会堂の東門前の広場で歓迎式を行った。

わよ。

酒井　要するに「逃《に》げたい」と？

朴槿恵守護霊　いや、私は習近平《しゅうきんぺい》の側室《そくしつ》になるかもしれないわね。

小林　それは亡命ですけどね。

朝鮮《ちょうせん》半島に「歴史の繰《く》り返し」が起きるのか

酒井　では、「韓国の国は、前回（前掲《ぜんけい》『安重根《あんじゅうこん》は韓国の英雄《えいゆう》か、それとも悪魔《あくま》か』参照）と同じように、どうなってもいい」ということですね？　前回も、そう言っていましたが。

大川隆法　でも、北朝鮮《きたちょうせん》がなだれ込《こ》んできたら、国は、もう目茶苦茶《めちゃくちゃ》になるでしょう。

朴槿恵守護霊　だいたいねえ、北朝鮮に、青瓦台《せいがだい》（韓国大統領官邸《かんてい》）が近すぎるのよ。ほんっとにもう……。

酒井　うーん。

大川隆法　どういうかたちで、これをまとめるか分からないですね。

朴槿恵守護霊　まあ、無理よ。電撃戦《でんげきせん》でやられたらおしまいになるでしょ？　たぶん。

酒井　だって、さっきは、「全然、大丈夫《だいじょうぶ》だ」と言っていたじゃないですか。

朴槿恵守護霊　それは、もう、いいよ、いいよ。もう、私は今、頑張《がんば》ってんのよ。あんたがた、悪人に対して。

小林　でも、電撃戦でやられたら無理ですね。逃げるからね。

酒井　「すぐ逃げる」と言っていました。

大川隆法　また、同じ状態ですね。そうなれば、中国、日本、ロシア、それから、もちろん、アメリカも介入《かいにゅう》してくると思う。当然ながら、このあたりの四カ国が介入してくるでしょう。

小林　また歴史の繰《く》り返しです。

大川隆法　どうやって国をまとめるのでしょうか。

朴槿恵守護霊　もう、何なのよ？

大川隆法　（朝鮮半島を）中国に任すか、ロシアに任すか、日本に任すかといったら、アメリカは、当然ながら日本に任せたほうが安心だと考えます。

小林　当然そうですね。

大川隆法　そうなれば、（韓国併合《へいごう》と）同じです。

酒井　あなたの責任で、また繰り返しますよ。

朴槿恵守護霊　（舌打ち）でも、中国しかいないのよ、頼《たよ》りになるのは。

「北朝鮮《きたちょうせん》との関係」は中国と同盟を結んでいれば大丈夫《だいじょうぶ》なのか

酒井　ただ、「あなたが逃げなくてはいけないときは、もう差し迫《せま》っている」と考えているのですか。

朴槿恵守護霊　ルートは考えてるからいいのよ。

小林　ルートを考えているのね？

朴槿恵守護霊　当ったり前よ。

大川隆法　でも、青瓦台など、四十分もあったら、炎上《えんじょう》しているでしょう。

小林　はい、一瞬《いっしゅん》ですね。

朴槿恵守護霊　当ったり前ですよ。

小林　戦車で三十分だそうですね？

北朝鮮ミサイル発射実験(「銀河２号」)

南北の軍事境界線(38度線)にある板門店

青瓦台(韓国大統領官邸)

『北朝鮮の未来透視に挑戦する』(幸福の科学出版)の第１章には、韓国と北朝鮮について、「38度線付近で軍事衝突が起きる」「青瓦台を狙って攻撃してくる可能性がある」等、エドガー・ケイシーによるリーディングの内容が収められている。

朴槿恵守護霊　そんなに近いの!?

小林　そうそう。三十八度線からね。

朴槿恵守護霊　そんな近いの？　あそこ。

小林　知らないの？　あそこまで飛ばせば三十分ですよ。

朴槿恵守護霊　ああ？　知らなかったなあ……。そんなに近いんだ。

酒井　あなたは、いつぐらいに、それをされると思っていますか？

朴槿恵守護霊　いや、今、私は中国と同盟を結んでるから大丈夫《だいじょうぶ》よ。

酒井　違う違う違う。北朝鮮《きたちょうせん》との関係です。

朴槿恵守護霊　だから、中国……。

酒井　北朝鮮は今、あなたに、「和解しよう」などと言って、アメを投げてきたりしているんでしょう？

朴槿恵守護霊　投げてるわね。

酒井　それで、裏で核《かく》兵器の実験をやろうとしている……。

朴槿恵守護霊　そのために、私は裏で習近平を操《あやつ》ってますから。

軍部をつかめない習近平《しゅうきんぺい》にまで悪態をつく

大川隆法　ただ、北朝鮮のほうは、中国軍の息がかかった人を処刑《しょけい》し始めています。あれは、喧嘩《けんか》を売っているのと同じだから、金正恩《キムジョンウン》はすごく強気です。

朴槿恵守護霊　それが分からない。それが分からないんだ。北朝鮮は、なんでそんなことをするの？

大川隆法　「大国」を目指しているのです。韓国の経済の繁栄《はんえい》を吸収して、人口八千万の「大国」をつくるつもりでいるわけです。

朴槿恵守護霊　うーん。でも、習近平《しゅうきんぺい》は、なぜ、それを止めないいんだ……。

大川隆法　習近平はボーッとしているんです。

朴槿恵守護霊　何なんだ、あの「でくのぼう」は、ほんっとにもう。

大川隆法　軍部をつかめていないんですよ。

小林　その、でくのぼうに頼ろうとしたんでしょう？　〝妾《めかけ》〟になろうとしているのでしょう？

朴槿恵守護霊　ええ？　私の美貌《びぼう》にメロメロなのよ、あの、でくのぼう。

アジアの平和は「中韓《ちゅうかん》同盟」で保たれるのか

酒井　とにかく、金正恩は、核ミサイルを持って、もう大喜びなわけですよ。「これで世界が取れる」という思考だから。

朴槿恵守護霊　（舌打ち）バカだよ、あのガキ……。

大川隆法　中国は、北朝鮮を使いたい気持ちがあるのですが、国際社会から孤立《こりつ》することをとても恐《おそ》れているのです。それで圧力をかけられていますからね。

朴槿惠守護霊　それがねえ、分かんない。習近平が国際的な目を持ち始めたら危ないのよ、ちょっとね。「韓国《かんこく》と一緒《いっしょ》にいることによってアジアの安定が保たれる」という考えを持ってほしいのよ。「日米同盟」に代わるね、「中韓《ちゅうかん》同盟」っていう……。

酒井　「韓国と一緒」と言ったって、中国は、韓国のことをほとんど付け足しにしか考えていないから。

朴槿惠守護霊　だから、日本じゃなくて、韓国を最前線としてアジアの平和をね、習近平は考えなきゃいけないのよ。

「安倍《あべ》首相による軍国主義化で日本は没落《ぼつらく》する」と主張

小林　だけど、（韓国は）日本のGDPの十分の一とか八分の一なのだから、合理的に考えて、それは成り立ちませんよ。よく考えないといけない。

朴槿惠守護霊　でも、日本だって、これから没落《ぼつらく》していくんでしょ？

小林　いえいえ。

朴槿惠守護霊　安倍《あべ》がこれから軍国主義化して、世界中から、第二次大戦みたいに〝ＡＢＣＤ包囲網《ほういもう》〟が、そのうち敷《し》かれるから。

小林　でも、それに輪をかけて、中国は経済的に崩《くず》れていくからね。そのへんをよく見ないと危ないですよ。

朴槿惠守護霊　いや、逆に、安倍のほうが先よ。安倍のほうが今、四面楚歌《しめんそか》になりますから。

小林　そうやって、一生懸命《いっしょうけんめい》に〝信仰《しんこう》〟を立てるのは構わないけれども。

大川隆法　でも、フィリピンとかベトナムとか、アジアの近隣《きんりん》諸国は、中国を怖《こわ》がっているのであって、日本を怖がっているわけではないですからね。

●ＡＢＣＤ包囲網　アメリカ、イギリス、中華民国、オランダによる対日経済封鎖。

朴槿恵守護霊　そうなんだよ。だから、みんな、中国に従ったらいいのに、フィリピンみたいな……。何やってんの、みんな……。

小林　要するに、フィリピンもベトナムも、「早く、日本の集団的自衛権を認めてやってくれ」と。フィリピンの大統領もはっきり言っていますよ。

朴槿恵守護霊　集団的自衛権を認めた時点で、日本は軍国化ですからね。

朴大統領と意見が違《ちが》う「軍部」の掌握《しょうあく》はできるのか

酒井　ただ、最初にも言ったけれども、あなたの国の国防部が議会で、「集団的自衛権は、日本の自由だ」と言っているんですよ。

朴槿恵守護霊　だから、あのバカを信じちゃいけない……。私の意見が大事なんですよ。大統領なんですから。

小林　ただ、集団的自衛権自体は、憲法以前に、そもそも国連憲章で、すべての国に固有の権利として認められている話であって、あなたが認めるとか認めないとかの話ではないです。

朴槿惠守護霊　国連は私が握《にぎ》ってますから。

酒井　ただ、そのようにやっていけばいくほど、あなたは軍部のほうから追い出されますよ。やはり逃げざるをえない。

朴槿惠守護霊　軍部は掌握《しょうあく》しますよ、ちゃんと。

酒井　できるの？

朴槿惠守護霊　分かんない。

酒井・小林　（笑）（会場笑）

朴槿惠守護霊　うーん。なかなかね、難しいのよ。

酒井　逃げるしかないいんでしょう？

朴槿惠守護霊　ちゃんと今ねえ、いろんなところに八方美人《はっぽうびじん》で、今、私はね、顔を出してるのよ、いろいろ。

酒井　ただ、逃げる前に、たぶん、あなたは捕《と》らえられるというか、やられてしまいますよ。さっき言ったように、三十分とか四十分ですから。

大川隆法　まあ、〝暗殺文化〟ですからね。

朴槿恵守護霊　北朝鮮の動きが、私は今、読めないのよねえ。習近平はどこまで信用できるのか……。

青瓦台《せいがだい》を砲撃《ほうげき》されたら「白旗」を揚《あ》げる？

大川隆法　しかし、北朝鮮は坑道《こうどう》を掘《ほ》って、地下からソウルを通り越《こ》し、ソウル郊外《こうがい》の後ろから攻《せ》めてくるかもしれないからね。

小林　可能性はありますよ。だって、朝鮮戦争の前だって、いきなり、済州島《さいしゅうとう》を事実上、占領《せんりょう》されてしまったでしょう？

朴槿恵守護霊　そうだよ。そうよ。ほんっとに。

小林　あのいちばん南の島から危《あや》うく挟《はさ》み撃《う》ちにされそうになって、軍隊を派遣《はけん》したら、軍隊の士官のなかにも、スパイが入っていて裏切られたわけです。それで、島中が略奪《りゃくだつ》・暴行など、ひどい目に遭《あ》ったではないですか。

朴槿恵守護霊　うーん、よく知ってるわね、あんた。ほんとに、そうよ。

小林　でしょ？

大川隆法　今回、女性で生まれているから、ヒステリックになりやすいので、青瓦台《せいがだい》に砲撃《ほうげき》されただけでも、頭が完全におかしくなってしまうのではないでしょうか。

朴槿恵守護霊　いや、もう、無理よ。白旗でしょ（会場笑）。

大川隆法　（苦笑）それでヘリコプターに乗って、中国へ逃げていくのではないでしょうか。

酒井　それで終わりでしょうね。ただ、地下坑道を掘っているかもしれないから、すぐ特殊《とくしゅ》部隊が来て、あなたは拉致《らち》されるかもしれない……。

朴槿恵守護霊　ヘリではちょっと逃げられないかなあ。それを考えなきゃいけないな。

大川隆法　怖いでしょう。

酒井　もう少し、発言を考えたほうがいいですよ。

朴槿恵守護霊　いや、考えてますよ。

「情《じょう》」だけで通らない外交は「女には難しい」

大川隆法　今のままだったら、日本は、もう、韓国を助けてくれませんよ。これは助ける気がありませんよ。集団的自衛権が認められても、もう助けないかもしれません。

小林　「嫌《いや》だ」って言うかもしれませんね。

朴槿恵守護霊　（舌打ち）日本のねえ……。

大川隆法　「従軍慰安婦《じゅうぐんいあんふ》と安重根について、これだけ言われて、なんで助けないといいけないのか」と思うかもしれません。

酒井　そうですよ。普通《ふつう》は、どう考えても、日本を味方にしておいたほうがいいですよ。

朴槿恵守護霊　日本はねえ、信頼《しんらい》できないの。裏切るかもしんない……。

酒井　裏切るのはあなたがたですよ。

朴槿恵守護霊　裏切るかもしんない……。顔が嫌《きら》いなのよ……。

酒井　顔が嫌いとか、そういう問題ではなくて、本人（朴槿恵）に対して、少し考え方を変えさせたほうがよいのではないですか。

あなたは、今、考え方が少し変わってきたでしょう?

大川隆法　フランスが、かつて、ナチスにやられたあとに、少し共謀《きょうぼう》のようなかたちで悪さをしたことを反省しているように、アメリカも、オバマ大統領が黒人系なので、奴隷国家をつくったことについての罪悪感を持っていますからね。今、そこのところをうまいこと狙《ねら》ってやろうとしているのでしょう。
でも、おそらく、その「情《じょう》」だけでは通りませんよ。

朴槿恵守護霊　うーん。この外交はね、女には難しいのよ（舌打ち）。

オバマ大統領には「韓《かん》国《こく》の傷を理解する素地がある」?

酒井　あなたの作戦では、すごく子供じみたことばかりやっているんですよ。
日本が何かやると、あなたがたには、必ずそれを引っ繰り返しに来るようなところがありますよね？　オバマ大統領が日本に来れば、「その代わりに韓《かん》国《こく》にも来い」などと言ってみたり。

朴槿恵守護霊　まあ、オバマは今度ね、もう、私が〝落とします〟から。

大川隆法　オバマさんは好きですかねえ。あなたみたいなタイプは、ちょっと……（笑）（会場笑）。

朴槿恵守護霊　うん、たぶん、もう、私の知性と色気《いろけ》に夢中……。習近平も〝落ちた〟

んですから。

大川隆法　（笑）

酒井　〝落ちた〟んですか（笑）。

朴槿恵守護霊　やっぱりねえ、私たちは、オバマさんと同じ信条があるんですよ。

小林　すごいなあ、これは。いちおう言っておきますが、この霊言《れいげん》は本として発刊されますからね。

朴槿恵守護霊　さっき、（大川隆法を指し）こちらの人も言ってたけどねえ、やっぱり、オバマさんは同じ感情があるんですよ。韓国が受けたこの傷を、理解する素地がある。

小林　ですが、オバマ大統領は、広島に原爆《げんばく》を落としたことに対しても、感じているものはありますよ。だから、そこは、韓国に対してだけではありません。

朴槿恵守護霊　まあ、そこは言っちゃいけないよね。そこは言っちゃいけない。

11 過去世《かこぜ》で「慰安婦《いあんふ》」に関係していた？

なぜ「日本」というだけで感情的にぶれるのか

小林　日本ということだけで、これだけ感情的にぶれるというのは……。

朴槿恵守護霊　女なんですから、当たり前じゃないの。

小林　それは分かりますが、「日本」という言葉を聞くと、これだけ感情的にぶれるというのは、やはり、何かあるんだろうと思うんですよ。そこのところを、少し教えてもらえませんか？

朴槿恵守護霊　うーん。

小林　私は、こういう霊言《れいげん》の場での質問役を何度もしていますが、ここまでのケースというのは、普通《ふつう》、なかなかないんですよね。

朴槿惠守護霊　（舌打ち）私はねえ、船がいっぱい来るのを知ってるのよ。日本人っていうのは……。

小林　ああ、船が来たときですか。

朴槿惠守護霊　（舌打ち）なんでねえ、おっきい船があんのよ、あんな日本に……（舌打ち）。ほんっとによお。

小林　大きい船があったとき？　大きい船がたくさん来たときというのは、やはり……。

酒井　それは、日清《にっしん》・日露《にちろ》戦争のときですか。

小林　それとも、豊臣秀吉《とよとみひでよし》のころ？　あるいは、やはり、白村江《はくすきのえ》か、神功《じんぐう》皇后のころか。だいたい、その三つのどれかですよね？

朴槿惠守護霊　うーん（舌打ち）。

小林　どれかな？　これだけ感情的になるっていうのは。

朴槿恵守護霊　私はねえ、（舌打ち）ほんっとに、日本民族に辱《はずかし》めを受けてね、奴隷《どれい》みたいにされるのだけは嫌《いや》なのよ。

酒井　負けたとき？

朴槿恵守護霊　あんたがたはねえ、負けた民族を奴隷のように扱《あつか》うからね。それだけは、ほんっとにね……。

小林　いや、それは事実と違《ちが》うんだけども、どなた……。

朴槿恵守護霊　第二次大戦の時代じゃないわよ。

小林　どの時代ですか。朝鮮《ちょうせん》出兵のとき？

大川隆法　少なくとも、あなたのお父さんとお母さんを殺したのは韓国《かんこく》人で、日本人ではありませんからね。たいてい、身内から殺されるのが、あなたがたの〝流儀《りゅうぎ》〟ですから。

朴槿恵守護霊　でも、日本人も殺しますよ。殺しますよ、あんたがたの民族は。

小林　では、その感じの恨《うら》みは、文禄《ぶんろく》・慶長《けいちょう》の役《えき》のときかな？

朴槿恵守護霊　うーん……。

酒井　殺された？

朴槿恵守護霊　うん。辱めを受けましたね。

小林　いや、ちょっと嘘《うそ》っぽいわ。それはちょっと嘘っぽいですよ。

朴槿恵守護霊　うーん。

文禄・慶長の役（1592～1598）
豊臣秀吉が主導する遠征軍と、明およびその朝貢国である李氏朝鮮の軍との間で、朝鮮半島を舞台に行われた国際戦争。

関東大震災《だいしんさい》時に韓国《かんこく》から日本に来ていた過去世《かこぜ》

小林　なかなか言わないなあ。

異常な反応の仕方ですから、何かあるんでしょうね。

大川隆法　いや、でも、もしかすると、日本にも来ていたことがあるのではないですか。日本に生まれたのではなくて、韓国《かんこく》から日本に来ていたことがあるのではないですか。何となく、大正に起きた関東大震災《だいしんさい》のころのイメージが、少し出てくるんですよ。

酒井　日本に来ていた？

大川隆法　確かに、あのときは、朝鮮人迫害《はくがい》が一部ありましたからね。

関東大震災　1923年9月1日午前11時58分に発生したマグニチュード7.9の大地震。関東一円に被害を及ぼした。

小林　誤解に基《もと》づいてではありますけれども。あるいは、大陸系の共産党の謀略《ぼうりゃく》だったという説もありますけれども。

酒井　震災などのときに、デマが流れたりしました。

大川隆法　そうそう。「朝鮮の人が井戸《いど》に毒を投げ込んだ」などという流言飛語《りゅうげんひご》がありました。

小林　実は、あのときに日本に来ていた？　そうすると、安重根《あんじゅうこん》による暗殺事件が終わって、日韓合邦《がっぽう》した、十三年後かな？

朴槿恵守護霊　うーん。確かに、日本の荒廃《こうはい》した街は覚えてるわねえ。なんで、あそこに行ったのかなあ。行ったのかなあ……。

うーん、なんかねえ、私、売春してんのかなあ……。なんかねえ……。

大川隆法　売春してる……（苦笑）。それは、さすがにまずいのではないですか。

朴槿恵守護霊　うーん、うーん……。

酒井　そのとき、あなたは女性ですか。男性ですか。

朴槿恵守護霊　なんかねえ、日本に売られたような気がするのよねえ。

酒井　そのときは、男性ではなかったのかな……。

小林　二つの話が混同している。少し分けて考えると、まず、関東大震災のころですね。

朴槿恵守護霊　うん、大正？

小林　ええ、大正のころだと、計算からして、おそらく、安重根のあとに、こちらへ移住したといいますか、こちらに来た感じですよね。

朴槿恵守護霊　でもね、売春された人の気持ちがすごい心に伝わってくるのよねえ。

小林　ああ、そっちを言いたい？

朴槿恵守護霊　なんなんだ、これは……。

「自分の罪」を日本になすりつけようとしていた朴槿惠守護霊

大川隆法　もしかしたら、売春宿を経営するほうに関係していたのでは……。違いますか?

朴槿惠守護霊　売春した子たちの悲しみが分かるのよねえ。

大川隆法　日本を責めてはいけませんよ。自分がやったのではないですか。もしかすると、女性を募集《ぼしゅう》して、トラックに乗せて連れていったのは、あなたではないですか?

酒井　強制連行した?　あなたが乗せていったのでしょう?

朴槿惠守護霊　うううーん!

酒井　日本人を募集しましたか。もしかしたら、韓国人ですか?

朴槿惠守護霊　女性の性器をねえ、あんなふうに扱うのは、私は許せないなあ。

大川隆法　もしかして、（韓国の女性を）日本に売り飛ばしたのではないですか？

酒井　韓国から連れてきたでしょう？

朴槿恵守護霊　ううーん。

大川隆法　日本と韓国は同一でしたから、こちらには来られますよ。

酒井　「いいお金がもらえる」と言って、連れてきたでしょう？

朴槿恵守護霊　うん、確かに、娘《むすめ》一人は高いのよ。

酒井　それで、韓国の貧しい家などから連れてきた？

大川隆法　募集して、トラックに乗せて、船に乗せて、そうやって運んで、日本に連れてきたのと違いますか。

朴槿恵守護霊　（苦しそうに頭を抱《かか》える）いやあ！　うわあ！　はあ……！

酒井　連れてきたでしょう？

朴槿恵守護霊　うーん……。

大川隆法　それで、商売させたのと違いますか。

酒井　そうですね？

朴槿恵守護霊　（相変わらず頭を抱えながら）うーーーーん……。あああっ!!　うーん……、くく……。

小林　置屋《おきや》の主人だったんですか……。

大川隆法　いや、元警察官がね。

小林　ああ、警察官が？

朴槿恵守護霊　うう……。

酒井　元警察官が、強制的に連れてきた？　やはり、あなたがやってるじゃないですか（笑）。

朴槿恵守護霊　ううーん。言わないわよ、言わないよ。絶対言わないよ。

大川隆法　やったのは自分でしょう！　日本のせいにしているけど、やったのは自分ですよ。自分が連れてきたんでしょう。

朴槿恵守護霊　あんなね、売春の子たちはかわいそうだよ。ほんっとに、これ……。

酒井　それで、その罪償《つみつぐな》いを、日本になすりつけているんですね？

朴槿恵守護霊　ええい……。うーん……。

酒井　そうしないと、あなたの気持ちが納得《なっとく》いかないわけですね。

大川隆法　業者が集めていたのは分かっているんです。ホテルに募集の張り紙などがあって、すごく高給でしたよね。

朴槿恵守護霊　日本人が集めてたんだよ！　何言ってるんだ、日本人が集めてた……。

小林　いいえ、違う、違う！　歴史上は、九十九パーセント、韓国人が集めてたの。

大川隆法　集めていたのは韓国の業者ですよ。

朴槿恵守護霊　日本人がポスターを掲《かか》げてたんだよ。

酒井　ただ、あなたは、もっと実入《みい》りがよかったはずだ。

大川隆法　おそらく、警察がグルだったのではないですか。

小林　ああ、あなたは、グルだった警察のほうですね。それで、その韓国時代の罪を隠蔽《いんぺい》するために、日本になすりつけたと？

大川隆法　おそらくそうでしょうね。

酒井　日本人を集めた？　それとも韓国人を集めた？　どちらですか。

朴槿恵守護霊　うーん、そんなの、誰《だれ》もやってるでしょうが。

大川隆法　おそらく、日本人を集める権利はないでしょうね。

酒井　韓国人でしょう？　だって、韓国語を話せますしね。

大川隆法　ええ。

朴槿惠守護霊　（舌打ち）いやあー。

酒井　便利ですよね。

朴槿惠守護霊　ううーん。

酒井　女性を連れてきて、それで、あなたは、そうとうお金をもらった？

朴槿惠守護霊　ううーん……（舌打ち）。ああ……。お金は必要なんですよ。

酒井　お金持ちになったんでしょう。

朴槿惠守護霊　本当にお金は必要なんですよ。

小林　ええ、それは分かります。もらったのね。

朴槿惠守護霊　あの時代は、お金が必要なんですよ。

酒井　そのために、韓国から強制的に連れてきたでしょう？

女性を貢《みつ》ぎ物にすることは「韓国《かんこく》では悪いことではない」

朴槿恵守護霊　だからね、何度も言うけども、韓国《かんこく》には、それは間違ってないっていう思想があるんですよ！

酒井　それはどういうことですか。

朴槿恵守護霊　うん？　だからね、多少、女ってのは、貢《みつ》ぎ物としてシナのほうに出したのよ。

大川隆法　それは、確かにそうですね。

小林　歴史上、昔はそうでしたからね。

朴槿恵守護霊　別に悪いことじゃないのよ。

大川隆法　韓国は、先進国のなかでも、男尊女卑《だんそんじょひ》がものすごくて、世界ナンバーワンですからね。

朴槿恵守護霊　そうよ。朝貢《ちょうこう》外交のためには必要なものでね、金銀財宝以外にお金がなくなったら、美女を出さなきゃいけないのよ。

酒井　韓国はそうでしょう。ただ、日本には、そういうものはなくなっていたはずですよ。

朴槿恵守護霊　何、どこの話よ?

酒井　日本です。

朴槿恵守護霊　日本は、こっち（韓国）に来て、ひどいことをするから。日本は、自分の国の女は出さずに、韓国の女を出さしめるような国じゃないの。

酒井　違う違う違う。それはあなたの商売でしょう?

朴槿恵守護霊　違う。私はね、半強制的にさせられたんですよ。

酒井　違う違う違う。私が言っているのは、そのカルチャーの問題です。「(女性を)貢ぎ物にする」なんていうカルチャーは、日本にはないです。

朴槿惠守護霊　うん。だから、それは、われわれの思想にはあるのよ。

酒井　あるんでしょう。そこが(日本と韓国の)大きな違いですよ。

過去世《かこぜ》の追及《ついきゅう》に対して取り乱す朴槿惠守護霊

大川隆法　日本人に売る場合には、きっと、ある程度は日本語も教えなければいけなかったんでしょうね。

朴槿惠守護霊　ううー。

酒井　ああ、両方できたんですね。

大川隆法　向こうの人に、日本語会話を教えなければいけなかったんですよ。韓国語では話が通じませんからね。

朴槿恵守護霊　ううーん。あんたねえ、暗殺部隊が送られてくるわよ。

酒井　いやいや。

朴槿恵守護霊　（聴衆《ちょうしゅう》を眺《なが》め回して）ここにいる人間全員、覚えてなさいよ。

小林　韓国大統領として、その発言は気をつけられたほうがいいですよ。

朴槿恵守護霊　韓国の暗殺部隊はね、侮《あなど》らないほうがいいわよ、あんた。気をつけたほうがいいわよ。スパイをたくさん送り込《こ》んでますからね。

小林　いちおう大統領なんだから、発言には気をつけなさいよ。本当に。

酒井　ただ、その前に、あなたが気をつけなくてはいけないのは、金正恩《キムジョンウン》なんですよ。その前に、あなたが「北」からやられます。

朴槿恵守護霊　金正恩は何とかするわよ。

酒井　暗殺部隊は、あなたに対して送り込まれますから。

朴槿惠守護霊　知ってるわよ、そんなことは。

酒井　気をつけたほうがいいですよ。

「慰安婦《いあんふ》」に賠償《ばいしょう》を払《はら》うべきは朴槿惠氏自身

酒井　ただ、やはり、最後に、その人たちや、そのご両親などに対して、ここで謝《あやま》ったほうがいいですよ。

朴槿惠守護霊　誰よ?

酒井　あなたが。

朴槿惠守護霊　私が誰に謝るの。

酒井　あなたが(過去世《かこぜ》で)強制的に韓国から連れてきた人たちに対してです。

朴槿惠守護霊　強制させたのは、あんたがたでしょうが。

酒井　それはさせてないでしょう！

朴槿恵守護霊　させられたのよ。

小林　いや、「強制か」「強制でないか」という議論は、少し脇《わき》に置くとして、要するに、あなたが女性を集めて、日本に連れてきたのよね？

朴槿恵守護霊　違う、日本……。

小林　いや、そこだけ認めてくれればいいです。

朴槿恵守護霊　違う。日本人は、もう一人で一日何人も相手しないといけないような、性欲旺盛《おうせい》で下品な民族だから、われわれは、その分、たくさんの人を……。

小林　それ、韓国の人のことでしょ。

大川隆法　日本人は、ろくなものを食べていなかったので、そんなに言うほど精力はなかったんですよ。

小林　要するに、「あなたが警察権力を使って女性を集め、日本に送った」という事実を認めていただければいいです。

大川隆法　「同胞《どうほう》を売り飛ばした」ということですね。おそらく、今回は、それを、「魂《たましい》の衝動《しょうどう》」で感じているのですね。

酒井　なるほど。そういうことですね。

朴槿惠守護霊　いや、だから、今はそう言われますけどね、当時は「売り飛ばす」っていう価値観がない……。

大川隆法　「慰安婦《いあんふ》」と言っている人に賠償《ばいしょう》を払《はら》わなければいけないのは、きっと、あなたなんですね。

酒井　そうですね。

大川隆法　きっとそうなんだ。

朴槿惠守護霊　違うんだ。今はそういう価値観ですけど、当時の韓国の歴史のなかでは、「女性を捧《ささ》げる」というのは、別におかしい行為《こうい》じゃなかったんですよ。

酒井　「韓国では」ですよね。

小林　ということは、つまり、「今、あなたがたが、日本政府や日本に対して文句《もんく》を言っていることは、結局、文句を言うような話ではなかった」ということですよね。

朴槿恵守護霊　おかしくはないよ。今の国際秩序《ちつじょ》からしたら、あんたがたが第二次大戦でやったことは、残虐非道《ざんぎゃくひどう》のことで……。

小林　ちょっと、話をそっちへそらさないで。

酒井　そういうことはありませんでしたから。

安倍《あべ》首相に「従軍慰安婦《じゅうぐんいあんふ》像の前」での謝罪を要求

小林　ただ、事実関係としては、だいたい分かりましたので。

朴槿恵守護霊　何が分かったのよ。早く謝んなさいよ。謝んなさいよ。今日の非礼を詫《わ》びなさいよ。

小林　いやいや、ただ、一点だけ言うと、「本当は、あなた自身が罪と責任の当事者であるのに、それを日本のほうにすり替《か》える」という卑怯《ひきょう》なことだけはやめてくださいね。それだけは言っておきます。

朴槿恵守護霊　いや、安倍《あべ》はね、西ドイツの首相がポーランドの塔《とう》（ユダヤ人犠牲《ぎせい》者慰霊塔《いれいとう》）の前でひざまずいたように、従軍慰安婦《じゅうぐんいあんふ》像の前で謝罪しなさいよ。

小林　だから、それをやらなきゃいけないのは、あなたなんでしょう？

朴槿恵守護霊　何言ってんのよ。

酒井　あなたが自分の家に従軍慰安婦の像をつくって、謝るんです。もう、全部、あなたの家に持っていって。

朴槿恵守護霊　何言ってんのよ、何言ってんのよ。失礼……、失礼……。

小林　自分個人の問題を、外交問題にすり替えないでください。

酒井　もう、従軍慰安婦の像は、全部撤去《てっきょ》して、あなたの家に持っていってください。

朴槿恵守護霊　何言ってんのよ。なんか失礼しちゃうわね、本当にもう。

小林　全部、個人的な感情じゃないですか。

朴槿恵守護霊　女ってのは感情の生き物なんですよ。

最後まであらわにし続ける「日本への怒《いか》り」

酒井　では、論点はこれではっきりしました。

朴槿恵守護霊　謝んなさいよ、とにかく。分かった?

酒井　いや、あなたが謝ったほうがいいですよ。

朴槿恵守護霊　村山《むらやま》（富市《とみいち》）だけじゃ足んないわよ、本当に。あのじいさんだけじゃ足んないわよ。

大川隆法　大統領には僅差《きんさ》でなりましたし、おそらく、これを引っ繰《く》り返そうと思っている勢力がだいぶあると思います。あるいは、金正恩も、歴史に名前を遺《のこ》したいだけの人のようですから、何をするか分かりませんし、先行きは厳しいですね。

朴槿恵守護霊　うーん。あんたがたが慰安婦に謝んなさい！　ほんっとに！

酒井　いや、あなたが謝ったほうがいいですね。それは、本当に。

朴槿恵守護霊　もうねえ、性欲の乱れた民族が、ほんっとに。

酒井　本当に霊査《れいさ》をしたら、あなたに対する恨《うら》みを持っている人が出てくると思いますよ。

朴槿恵守護霊　いないわよ！　今、みんなが私に助けを求めてるんですよ。

酒井　求めてない、求めてない（笑）。

朴槿恵守護霊　日本に対して、何とかしよう……。

小林　まあ、分かりましたので。

酒井　あなたは大統領ですから、もう、これ以上やるのはやめましょう。

朴槿惠守護霊　（舌打ち）本当にもう……。

酒井　では、そういうことで、今日はお帰りいただければと思います。

朴槿惠守護霊　ああ……。

大川隆法　オバマさんと、しっかり、〝奴隷談義〟でもしてもらうしかありませんね。

酒井　あなたの過去世の話をしたらいいですよ。

朴槿惠守護霊　過去世なんか信じませんからね！　われわれにはないんですから、過去世なんか。

小林　分かりました。

大川隆法　はい、はい。分かりました。これが、「韓国の神様の実体」ということです。

朴槿恵守護霊　（過去世なんて）ないですから。あんたがたのフィクションよ。何言ってるのよ。本当に……。

酒井　ありがとうございました。

大川隆法　ありがとうございました（手を四回叩《たた》く）。はい、お帰りください。

12 朴槿恵守護霊の霊言《れいげん》を終えて

自国民から排除《はいじょ》されそうな朴槿恵大統領

大川隆法　何かグチャグチャとした人ですね。本当にクネクネです。

酒井　何が言いたいのか……。

大川隆法　この人は、おそらく自国民から追い出されるのではないでしょうか。追い出されるか、殺されるか、知りませんが、排除《はいじょ》されそうです。

酒井　これではリーダーにはなれません。

小林　この短時間の間で、言うことがコロコロと変わりましたから。

大川隆法　全然、駄目《だめ》ですね。

酒井　全然、駄目です。

大川隆法　まったく理性的ではありません。

酒井　感情だけです。

大川隆法　何かの理由で、恨《うら》み心だけがかなりたまっているようです。

いろいろなものがあって、複雑なのだろうとは思いますが、「全部、日本のせいにさえすればよい」というのは、シンプルすぎますね。「敵をそちらに持っていき、国内の不満をすべて抑《おさ》える」というのは、あまりにもシンプルな政策であり、もう通じないでしょう。さすがに、韓国《かんこく》の民衆にも、それだけでは通じないのではないでしょうか。

恥《は》ずかしいことですね。

酒井　下の人たちも、もう見切り始めているという……。

大川隆法　見切り始めていますね。

まあ、お気の毒だけれども、村山《むらやま》元総理のところへ養女《ようじょ》にでも行ったらどうでしょうね（会場笑）。

幸福の科学の意見は、マスコミや政権のバックボーンに

大川隆法　（ため息をつく）「とりあえず、日本が謝罪して、お金をくれた」という時代は終わったので、残念でしたね。時代の流れは変わろうとしています。私たちが言っていることも、マスコミや政権などのバックボーンにはなってきているようなので、今後、慎重《しんちょう》にやらなくてはいけないと思います。

別に私は人種差別主義者ではありません。黒人だって、ほかの人種だって、差別する気はまったくないのです。中国人に対しても韓国人に対しても、差別する気は何も

ありません。

中国に関しては、過去の偉大《いだい》な人たちを、どんどん霊言《れいげん》等で紹介《しょうかい》しています。中国には、過去、立派な歴史があります。「今、どうか」ということは別ですが、過去には立派な人が大勢いるので、立派な人については「立派だ」ときちんと認めています。

いろいろな国の人を、みな、そうやって認めているので、私には差別意識など全然ないのです。

まあ、当会を恨むのは結構ですが、当会は何かの陰謀《いんぼう》でやっているわけではありません。それを分かっていただければ、ありがたいのです。

変な日本人も、いることはいるのでしょう。確かに、韓国パブだの、フィリピンパブだの、そんな所に行って遊ぶ連中もいますし、白人を〝征服《せいふく》〟して喜んでいる日本人もいましたが、私は、そんなことが好きではないタイプだったので、日本人全部が、そういう変な人ばかりでもありません。そのへんを分かっていただきたいものです。

言論統制のある韓国《かんこく》は、完全な民主主義の国とは言えない

酒井　朴槿恵氏個人の「心のねじれ」が表れていると思います。

大川隆法　ええ、何か屈折《くっせつ》していますね。これはまだ〝成仏《じょうぶつ》〟はしないでしょう。アメリカがもし韓国《かんこく》寄りの立場を取らないと、それへの欲求不満はすごいでしょうね。中国寄りのところを見せ、あれでアメリカと交渉《こうしょう》しているのだと思います。

酒井　自分の罪の意識を、全部、日本に責任転嫁《てんか》しているのですが、このあたりが分からないのでしょうね。

大川隆法　お父さんのお言葉（朴正熙《パクチョンヒ》元大統領の霊言）を、もう少ししっかり読むべきです。

酒井　そうですね。

大川隆法　韓国も言論統制をしていますから、完全な民主主義の国とは言えないのです。「北朝鮮《きたちょうせん》に比べれば、まし だ」というだけですから。北朝鮮は完全に全体主義なので、北朝鮮に比べればましですが、一生懸命《いっしょうけんめい》、言論統制をやっていますし、外国の文化を入《い》れないようにもしています。

これ（朴槿惠の守護霊霊言）をオープンにすることで、「よいものか、悪いものか」は明らかになってくるのです。

酒井　そうですね。

大川隆法　いずれ、このへんについては、クリアしなくてはいけません。

韓国は国連を押《お》さえているつもりでいるのだろうと思いますが、国連も、どちらかといえば、パトロンは日本のほうではないでしょうか。

自然に、落ち着くところに落ち着いていくとよいですね。

では、以上にしましょう。ありがとうございました。

質問者一同　ありがとうございました。

第2章

あらためて、朴槿恵《パククネ》大統領の「本心」を問う

二〇一四年二月十七日　収録
東京都・幸福の科学総合本部にて

質問者　※質問順

綾織次郎《あやおりじろう》（幸福の科学上級理事　兼《けん》「ザ・リバティ」編集長　兼　幸福の科学大学講師※）

呉亮錫《ごりょうせき》（幸福の科学第二編集局主任）

社林万葉《こそばやしまよ》（幸福の科学国際本部）

［役職は収録時点のもの］

※幸福の科学大学（仮称）は、2015年開学に向けて設置認可申請予定につき、大学の役職については就任予定のものです。

1　前回の霊言《れいげん》の真実性を検証する

立場相応の品格が感じられなかった前回の霊言《れいげん》

大川隆法　二日前（二〇一四年二月十五日）に、朴槿恵《パククネ》韓国《かんこく》大統領の守護霊霊言《しゅごれいれいげん》を録《と》りました（本書第1章）。

今、編集部が緊急《きんきゅう》で原稿《げんこう》起こしをしており、私は、明日《あした》、校正をして、「まえがき」「あとがき」を書く予定だったのです。そういう、緊急発刊の準備に入っているのですけれども、一晩寝《ね》て、いろいろ考えてみたことがありました。

これまで、近隣《きんりん》の諸外国の元首級というか、大統領・首相等の霊言や守護霊霊言を幾《いく》つも収録したのですが、みな、ある程度の品格はあって、いちおう用心しながら、立場相応の言葉を話しています。

例えば、李登輝《りとうき》さんの守護霊なら、李登輝さんらしいことを、きちんと言っていますし（前掲《ぜんけい》『日本よ、国家たれ！　元台湾《たいわん》総統 李登輝守護霊 魂《たましい》のメッセージ』参照）、タイのインラック首相の守護霊も、言葉に悲哀《ひあい》はにじんでいましたけれども、首相としての力不足を感じながら、やはり、言うべきことは言っていたようです（『守護霊インタビュー タイ・インラック首相から日本へのメッセージ』〔幸福の科学出版刊〕参照）。

また、ケネディ大使の守護霊も、大使としての立場には、いちおう、こだわりを見せ、「本音を全部は言えない」という留保をし、言葉を選んで答えていたように感じられました（前掲『守護霊インタビュー 駐日《ちゅうにち》アメリカ大使キャロライン・ケネディ 日米の新たな架《か》け橋』参照）。

ところが、朴槿惠大統領の守護霊の場合には、かなり感情的に個人的な意見を言っているようにも見える部分があり、「大統領という立場を意識しているとしたら、もう少し言葉を選んでもよいのではないか」と思う面がかなりあったのです。

たまたま虫の居所《いどころ》が悪かったのかもしれませんし、質問した二人が、当会では〝悪魔《あくま》対策要員〟でよく出てくる人で、相手を挑発《ちょうはつ》して怒《おこ》らせるのがかなりうまいので、怒らせてしまった可能性もあるのです。

朴槿惠守護霊について、質問者を替《か》えて調べてみたい

大川隆法　私には、前回の霊言について、「フェアでなかったり、あるいは、霊言のクレディビリティ（信頼性《しんらいせい》）に疑問が出るようであったりしてはいけない」という気持ちがあります。

そこで、今度は、質問者をガラリと替《か》えて、もう一回、同じような内容が出てくるかどうか、試《ため》してみたいと思います。

以前、安重根《あんじゅうこん》の霊言（前掲『安重根は韓国の英雄《えいゆう》か、それとも悪魔か』参照）を録ったときには、安重根をずっと調べているときに、呼ばれてもいないのに途中《とちゅう》から朴槿惠大統領の守護霊が出てきて邪魔《じゃま》に入り、勝手に霊言を始めたのですが、このときには女性霊としての言葉であったと思います。

一方、二日前に収録したものは「男性霊ではないか」と思われる霊言で、だいたい、まとまっていたようには思うのです。

また、私が全部やるのではなく、後半、他《た》の方に霊を移して行《おこな》ったので、やや連続性に欠ける面もあったのではないかという気がします。

内容的にはスクープに当たるものなのですが、日韓関係など、外交問題も絡《から》んでいるので、万一《まんいつ》、その内容に十分な信用を置けない部分があったとしたら、申し訳ないことです。

アメリカは、今後、おそらく、日韓あるいは日中韓との関係を、うまくやろうと考えているのだろうと思うのですが、このあたりを、当会が積極的にかき乱すようなことになってはならないので、もう一度、慎重《しんちょう》に調べてみたいと思います。

ただ、真実であるならば、真実は真実として述べるのも仕事でしょうし、それは個人的なことではないので、勇気を持って、言うべきことは言いたいと思います。

向こうは、安重根の霊言のときにも来ましたが、お父さんの朴正煕《パクチョンヒ》元大統領の霊言

（前掲『韓国 朴正煕元大統領の霊言』参照）のときにも、朴槿惠大統領の守護霊というより生霊《いきりょう》（注。「守護霊」に「本人自身の強い念《おも》い」が合体したもの）に近いものが来て、「やってほしくない」というような言い方をしていましたし、李登輝さんの守護霊霊言のときにも邪魔しに来ていたので、私は、もう完全にマークはされている状態です。

ただ、「私どものところをマークして、どうするのかな」という、若干《じゃっかん》、自分たちを低く見る考えも、あることはあるのです。

「幸福実現党のほうでは十分な活動ができていないので、まだそれほどではないだろう。首相官邸《かんてい》へ行って安倍《あべ》さんに抱《だ》きつくなり、東條英機《とうじょうひでき》の霊と格闘《かくとう》するなり（『「首相公邸の幽霊《ゆうれい》」の正体』〔幸福の科学出版刊〕参照）、戦う相手は、ほかにもいるのではないか」と思うのですが、なぜか私のところにお出《い》でに

『「首相公邸の幽霊」の正体』
（幸福の科学出版）

なるのです。

まだ、それほど国際的に認められてはいない状態ではありますから、もしかしたら、有名にしたくて頑張《がんば》ってくださっているのかもしれません（笑）。

今日は、公平中立かどうかは分かりませんが、ジャーナリスト的な職業訓練も受けておられる綾織《あやおり》さんを、質問者の軸《じく》として入れておきました。

また、最近までソウルに駐在《ちゅうざい》していた社林《こそばやし》さんにも来てもらいました。この方は、この一年間、かなり〝被害《ひがい》〟を受けておられると思われるので、質問者に入れておきます。

さらに、在日韓国人の呉《ご》さんにも来ていただいています。この方は、おそらく韓国を悪魔の国のように言われたくはないだろうと思いますし、当会の編集部門にいるので、当会が別に韓国の方を差別していない証明にもなるでしょう。私どもには、そういう差別をする気持ちは全然ないのです。

朴槿恵大統領を取り巻く「韓国《かんこく》国内の問題」

大川隆法　去年（二〇一三年）の二月に朴さんが大統領になってから、日韓《にっかん》関係が急速に悪化していることは間違《まちが》いありません。この原因は、どこにあるのか。彼女個人の確信的な感情によって動いているのか。それとも、日本に安倍政権が立っているので、それとの対抗《たいこう》上、相関関係で向こうも急速に右旋回《うせんかい》しているのか。このへんは、見極《みきわ》めたいところです。

もう一つの要因として、「韓国国内の問題もあるのではないか」と見る専門筋もかなりいます。

朴さんが一昨年《おととし》の十二月に大統領選で当選したときには、本当に僅差《きんさ》で野党の候補に勝っていますが、「その選挙では、かなり、政府の諜報《ちょうほう》部門というか、公安というか、ＣＩＡ的な部門などが、サイバー攻撃《こうげき》風に、そうとういろいろなところに情報を流し、世論《せろん》を操作した。それがなかったら勝てなかったのではないか」とも言われています。

また、朴槿恵大統領は、大統領選に出馬するに当たって、「韓国の六十五歳《さい》以上の人たちに、毎月二十万ウォンを支給する」という、〝お金バラマキ〟の公約をしたのです。

二十万ウォンは、どのくらいの金額か、よく分からないのですが、「一ウォン〇・〇九円ぐらいで計算したらよい」と書いてあるものもあるので、それだと、一万八千円ぐらいになります。その二万円弱のお金を、六十五歳以上の人すべてに支給することを公約したものの、お金がないので、実際にはできないでいるわけです。

そのため、「所得順位で上位三十パーセントの高所得の高齢《こうれい》者には支給しない。下位三十パーセントの低所得者層には二十万ウォンを支給するが、生活保護受給者は除く。真ん中あたりの四十パーセントの人たちには十万ウォンを支給する」という感じになるようです。

「六十五歳以上に、毎月、二十万ウォンを支給する」と約束したけれども、要するに原資《げんし》がないので、結局は、ばら撒《ま》けないでいるのです。

そこで、何か「外」に悪いものをつくり、非難し続けることで、つまり、日本に批判を集めることで、国内の批判をかわしている面もあるのでしょう。

また、中国寄りに舵《かじ》を切って、中国の援助《えんじょ》を求めている面もあるのではないかと思います。

戦後、中国が貧しいころには、韓国は中国を「あんな貧しい国」と言ってバカにしていたのですが、最近、中国が大国になったということで、急に態度をコロッと変えているところもあるわけです。

このへんのところも、もしかしたら、関係があるかもしれません。

また、今、冬季オリンピックをロシアのソチでやっていますけれども、日本の東京オリンピックに先立ち、二〇一八年には、韓国で、冬季オリンピックが開かれる予定になっていますが、これについても、どうも予算がないらしいのです。その意味で、政治的には、「日本から、もう少し援助を引き出したい」という気持ちがあるように感じられます。

「日本の文化は大陸から来た」という見方は正しいのか

大川隆法　韓国では反日教育がかなり長く行われているので、国民は「刷り込《こ》み」を受けています。

韓国の国民を必ずしも悪意だけで見てはいけないと思うのですが、政府が主導して反日教育を刷り込んでいて、それでないと学校に受からないような状況《じょうきょう》であれば、国民は反日になっていくでしょう。

さらに、韓国では、だいたい、「よいものは、全部、韓国から日本に入った」ということになっているのですが（笑）、私としても、それを勉強すればするほど、「不思議なこと」がたくさん出てくるのです。

日本という国の名前も、昔の韓国というか、新羅《しらぎ》が日本に下さったことになっているようで、そういう教育になっているらしいのです。

ただ、それは、実を言うと、新羅の時代の歴史書のなかに、「日本」という国名が出てくるだけのことであって、「日本に国名を与《あた》えた」ということでは全然ないらしいのですが、そういうことを平気で教えているわけです。

もちろん、日本には、仏教をはじめ、その他《た》、いろいろな文物《ぶんぶつ》が入ってきた面もありますが、韓国は、「全部、韓国から日本に入った」という言い方をしているのです。

しかし、九州で高速道路を通すに当たり、いろいろと掘《ほ》り返しをやっているなかで、近年、鹿児島《かごしま》で、二万四千年前ぐらいの遺跡《いせき》が出てきています。そのなかには、縄文《じょうもん》時代の集落跡《あと》もあって、縄文式土器の破片等、縄文文化があったことの証拠《しょうこ》品も大量に出てきたのです。

それから、その隣《となり》の日向《ひゅうが》の国、宮崎《みやざき》県では、放射性炭素年代測定の結果、一万三千年ぐらい前ではないかと思われる地層から、竪穴《たてあな》式住居の跡がたくさん出てきているので、そのころには、「今の日本の始まり」とも言われている宮崎県辺りに、縄文文化の集落があったことが分かってきました。

さらに、沖縄《おきなわ》では、今から一万八千年前の人骨が見つかっていますし、最近の新聞に、約八千年前の縄文式土器等が発掘《はっくつ》されていることが載《の》っており、そのころ、すでに「縄文式」というものがあったことになっています。

戦後の日本の左翼《さよく》史観では、この時代の日本には、全然、そういう文化はなかったことになっており、「全部、のちに大陸から韓半島経由で日本に来た」というような言い方がされていたのです。

どうやら、日本固有の文化そのものは、三万年近い昔ぐらいまで遡《さかのぼ》るらしいということが分かってきていますし、沖縄の文化についても、九州のほうから来たもののようです。

また、沖縄の縄文文化と、北海道のア

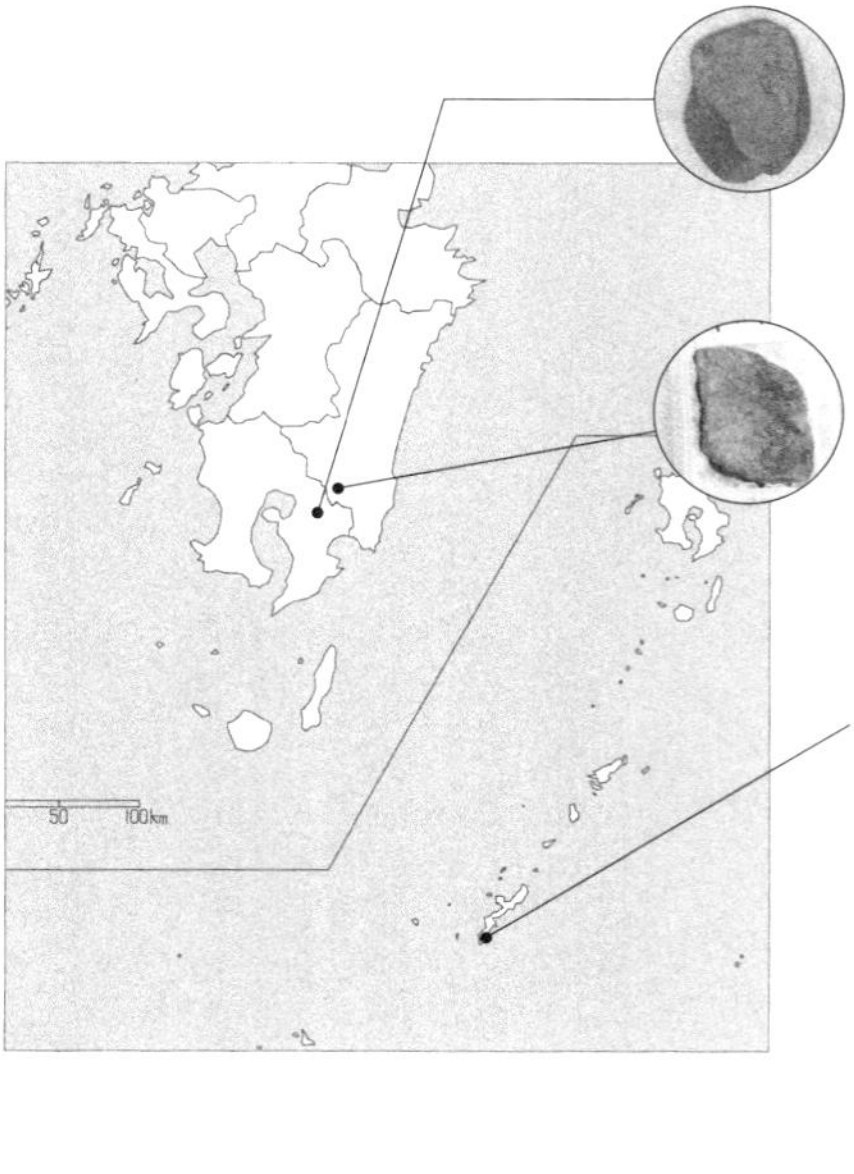

耳取《みみとり》遺跡（鹿児島県曽於市）
旧石器時代の石鏃・礫群のほか、縄文時代の遺構・遺物をともなう複合遺跡。年代測定の結果、約24000年前の遺跡であると判明。

王子山遺跡（宮崎県都城市）
縄文時代草創期（約13000年前）の竪穴式住居跡や土器が発見されたほか、配石炉や集石遺構などの跡も見つかっている。

サキタリ洞遺跡（沖縄県南城市）
沖縄最古となる8000年前（縄文時代早期）の土器が発見された。また、国内最古となる貝製の道具や装飾品も発見されている。

イヌの遺跡とを、さまざまに比較《ひかく》研究した結果、かなり共通性があることまでは分かってきています。つまり、北海道から沖縄まで文化的につながっているものが出てきているわけです。

そういう意味では、戦後の左翼的な通説が、今後、大幅《おおはば》に変わる可能性も出てきています。

私たちのほうとしては、だいぶ前から、「霊的《れいてき》には、どうもそうらしい」という感じが出てきてはいるものの、このへんの歴史認識について、今、取り上げられていますので、もう一度、検討し直す必要があるのではないかと思います。

日本の歴史が、一万年ではなく、三万年ぐらいまで遡れるとしたら、どうでしょうか。もし、考古学的証拠でもって、三万年ぐらい前に縄文式の文化があったということが分かれば、これは明らかに違うものであり、日本固有の文化があったと考えられるわけです。

以上、前置きとして、今、私が感じていることを述べました。

朴槿恵守護霊を、あらためて招霊《しょうれい》する

大川隆法　ちなみに、今日は質問者として、ニュートラル、もしくは、韓国にも親和性のある方を呼んでいます。そういう人を前にして、朴槿恵大統領の守護霊を、もう一回お呼びしますが、どういうことをおっしゃるでしょうか。（聴聞者席《ちょうもんしゃせき》に）ただし、そのへんから野次《やじ》が飛ぶかもしれません。

いずれにしても、本心から「反日」で、ずっと喧嘩《けんか》しており、中国と組んで日本をやっつけたいと思っているのかどうか。このへんのところを、もう少し洗ってみたいと考えています。

（質問者に）お願いしますね。

質問者一同　はい。

大川隆法　それでは、先日に引き続き、朴槿恵韓国大統領の守護霊を幸福の科学総合本部にお呼びいたしまして、その本心や、忌憚《きたん》のないご意見をお聞きしたいと思いま

す。

先日の霊言については、経典《きょうてん》の内容がほぼ出来上がっているにもかかわらず、今日、あらためてお呼び申し上げるのは、このまま刊行すると、韓国大統領としての品位に問題があったり、スクープになってしまう可能性があるからです。それが真実であるかどうか、念のため、もう一度、確認したいという気持ちを持っていますし、もし、間違っていることがあるならば、今日の場において、ご訂正《ていせい》いただきたいと考えています。

私どもも、そういうことについては柔軟《じゅうなん》に考えたいと思っているのです。決して、隣国と仲の悪い関係を未来永劫《えいごう》にわたって続けたいとか、今後千年間続けたいとか思っているわけではありませんので、どうか、そのへんをお酌《く》み取りください。私を通じた場合、守護霊としては、本心以外を言うことはできないと思いますけれども、どうか、ご本心を明らかにし、日本の国民に、「韓国大統領の本心はこのへんにある」ということをお伝えください。

そして、韓国の国民を啓蒙《けいもう》するとともに、アメリカや中国、台湾、その他《た》の国へのメッセージともなりますよう、心の底よりお願い申し上げます。

では、朴槿恵大統領の守護霊。

朴槿恵大統領の守護霊。

どうか、幸福の科学総合本部に降りたまえ。

朴槿恵大統領の守護霊。

朴槿恵大統領の守護霊。

どうか、幸福の科学総合本部に降りたまえ。

朴槿恵大統領の守護霊。

どうか、幸福の科学総合本部に降りたまいて、その本心を明かしたまえ。

（約十五秒間の沈黙《ちんもく》）

2 「日本への恨《うら》み」を繰《く》り返す

前回同様、開口一番に「謝罪」を要求する朴槿惠守護霊

朴槿惠守護霊　ふーん……、ふーん……、ハアッ……。

綾織　こんにちは。

朴槿惠守護霊　ハッ……。うん？

綾織　朴槿惠大統領の守護霊様でいらっしゃいますでしょうか。

朴槿惠守護霊　手が焼けるねえ、ほんとに。まだやるの？　ちょっとは反省しなさいよ！

綾織　何度か、お出《い》でくださっていますが、本日は、あらためて、朴槿惠大統領守護

霊さんのお話をお伺《うかが》いする機会を設《もう》けさせていただければと思います。
朴槿恵守護霊　あのねえ、人を食い物にしようとするんだったら許さないからねえ。
綾織　そういうわけではございません。
朴槿恵守護霊　ええ？　まずは、謝罪から入らなきゃ駄目《だめ》なのよ、こういうものは。
綾織　（苦笑）
朴槿恵守護霊　謝罪があって、やっと普通《ふつう》の会話が成り立つのよ。
「こんにちは」じゃないんですよ。分かってんの？
綾織　前回も同じ登場の仕方をされましたけれども……（31ページ参照）。
朴槿恵守護霊　「こんにちは」なんていうような関係じゃないでしょ？　今。
綾織　まあ、謝罪するにしても、まずは、「時候の挨拶《あいさつ》」から入っていくかと……。
朴槿恵守護霊　まずは、お呼びしたことに対して、「申し訳ない」と謝罪しなきゃいけないわ。そっちが謝《あやま》りに来なきゃいけないんだから……。

綾織　ただ、何度かは、ご自身からいらっしゃっていますので、お互《たが》い様のところがあるかと思います。

朴槿惠守護霊　ああ？　まあ、そりゃそうだよ。そりゃそうだけど……。まあ、何だか知らんが、そういうことができるんで、しかたないけれども……。

綾織　お話をお伺いしていると、女性の雰囲気《ふんいき》が……。

朴槿惠守護霊　いや、どっちでもいいのよ。

綾織　ああ、どちらでもよいのですか（笑）。

朴槿惠守護霊　ああ、そらあ、どっちでもやりますよ、私は。

綾織　ほう。

朴槿惠守護霊　どっちでもいいですよ。全知全能だからね。

綾織　なるほど。

朴槿恵守護霊　韓国《かんこく》一の才媛《さいえん》だから、何でもいい。

綾織　では、「女性」ということで、お伺いしていきたいと思います。

朴槿恵守護霊　ええ。どっちでもいいですよ。

朴大統領が潰《つぶ》そうと躍起《やっき》になる「安倍《あべ》首相の源流にあるもの」

綾織　今、「日韓の問題」というのが、若干《じゃっかん》、こじれておりまして……。

朴槿恵守護霊　若干、こじれてる？

綾織　まあ、そうですね。

朴槿恵守護霊　あんた、認識が甘《あま》いんじゃない？　ジャーナリスト、辞《や》めたら？

綾織　できれば、よい方向に持っていきたいと思っております。

朴槿恵守護霊　若干、こじれてる？　これは甘いね。

綾織　甘いですか？

朴槿恵守護霊　それは、どこにも通じない。クビだ。ファイヤー（解雇《かいこ》）！

綾織　まあ、あなたに、そういう権限はないので（苦笑）、よいのですけれどもね。

では、今、若干ではないほど、こじれた状態になっていますが、その根本的な理由というのは、何ですか。

朴槿恵守護霊　だから、今は、日本を言論で徹底的《てってい》に〝殲滅《せんめつ》〟できるかどうかの瀬戸《せと》際《ぎわ》なわけだ。

綾織　ほうほうほう。〝殲滅〟しようとされているわけですね？

朴槿恵守護霊　それはそうだよ。当ったり前じゃないですか。

綾織　なるほど。

朴槿恵守護霊　安倍《あべ》の「息の根」を封《ふう》じなきゃ。

綾織　ほう！

朴槿恵守護霊　ほんと、これ以上やらせたら駄目よ。

綾織　「これは、安倍さんが悪い。安倍さんに原因がある」と？

朴槿恵守護霊　まあ、安倍も悪いけど、安倍だけではないよな。安倍の元の根っこから断《た》たなきゃいけないからね。臭《くさ》いものは、根っこから断たなきゃ駄目だ！　安倍が出てくる、その源流を潰《つぶ》さなきゃならない。

綾織　なるほど。

朴槿恵守護霊　源流の一つは、ここにあるからねえ。これは潰さなきゃいけない。ここは、日本神道《しんとう》の復活にかかわってるんだろ？　だから、もう二度と出てこないように封印しなきゃ駄目だからねえ。

綾織　幸福の科学や、日本神道を復活させようとしている力に対して、「許しがたい」

と思われているわけですね？

朴槿惠守護霊　鳥居《とりい》をくぐってたまるか！

綾織　ほう。

朴槿惠守護霊　二度と、くぐってたまるか！

綾織　鳥居をくぐるのが、そんなに嫌《いや》ですか。

朴槿惠守護霊　そらあ、嫌だねえ。あんなもん、韓国に建てようったって……、全部、焼き捨てたけど、もう、二度とあんなことはさせんぞよ。

綾織　ということは、あなたご自身に、そういうことをした経験があるわけですね？

朴槿惠守護霊　いやあ、まあ、「そういう文化的な歴史が刻み込《こ》まれてる」ということですよ。

綾織　ほう。

朴槿恵守護霊　私（朴槿恵）は、戦後生まれですから、いちおうね。

日本にこれほど反省を迫《せま》る「本当の理由」とは

綾織　「日本神道の復活」、あるいは、「日本そのものの復活」が許しがたいということですね？

朴槿恵守護霊　増長してるわな。あのねえ、もっと反省してもらわないかんわけよ。マイナスからの出発なのよ。

綾織　はあ。

朴槿恵守護霊　戦後の日本は、マイナスからの出発だ。「原罪」を背負ってるのよ。それを忘れてるんだ。教育が甘くなって、マスコミが緩《ゆる》くなって、はしゃいで、もう本当に。

「原罪からのスタート」だっていうことを、よく知らないといかん。

綾織　いや、いまだに、マスコミもそうですし、教育もそうですが、かなり左翼《さよく》的な内容を教えています。

朴槿惠守護霊　全然、左翼じゃないよ。あんなの、私らが見たら、ほとんど右翼よ。

綾織　ただ、そのなかで、国民世論《よろん》として、「それは、おかしいのではないか」という声が、今……。

朴槿惠守護霊　どこの国民世論？　どこの？

綾織　日本ですね。

朴槿惠守護霊　日本に国民世論があるの？

綾織　はい。

朴槿惠守護霊　あるの!?　ああ、そう！

綾織　そういう意見が底流で強まってきていて……。

朴槿惠守護霊　あんたがたに考える力があるの？　個人に？　へええ！　初めて聞い

た。もう、安倍に洗脳されとるもんやと思うとったわ。

綾織　あのー、あなたは大統領ですので……。

朴槿惠守護霊　ああ、そうだね。うーん。

まあ、私《わたくし》は、そういうふうに思っておりますが……。

綾織　やはり、隣国《りんごく》の国民を蔑《さげす》むようなことを言うのは、あまり、よいことではないと思うんですよね。

朴槿惠守護霊　いや、それはねえ、まあ、うちには「国民」がいるから。国民世論は、それを強く推《お》してるわけよ。大統領が強く言やあ言うほど、みんなウワーッ（歓声《かんせい》）という感じになるわけね。

綾織　「日本には、国民がいない」と思っているのですか。

朴槿惠守護霊　日本には、いないんじゃない？

綾織　ほう。では、何がいるんですか。

朴槿惠守護霊　日本には、入れ墨《ずみ》をした奴隷《どれい》みたいな者とか、縄文人《じょうもんじん》とかが、ウヨウヨいるんじゃないの？

綾織　奴隷ですか。

朴槿惠守護霊　うん。

綾織　「安倍さんの源流にあるものを潰していきたい」とのことでしたけれども……。

朴槿惠守護霊　「潰していきたい」っていうか、もう、二度とあってはならんことですね。

きっと、東日本大震災《だいしんさい》だって、神戸《こうべ》の震災だって、韓国の神の祟《たた》りだろうけれども、このままでは、次は、富士山でも噴火《ふんか》して、日本中が溶岩《ようがん》で埋《う》め尽《つ》くされるようになるんじゃないかなあ。

綾織　まあ、基本的に、前回とあまり変わらないように思うのですけれども（苦笑）……。

朴槿恵守護霊　変わらない？　こんなに上品に言ってるのに？

綾織　もう少し上品に言っていただきたいのですが……。

朴槿恵守護霊　あのねえ、私たちは非常に論理的な民族だからね。〝ディベータブル〟（論争好き）なのよ。分かる？

綾織　まあ、それは分かりますが……。

韓国《かんこく》は先進国として、日本に愛のムチを振《ふ》るっている？

綾織　結局、同じ展開になってしまうかもしれないのですけれども、それだけ、日本が憎《にく》いと思われる、その元にあるものは、何でしょうか。

朴槿恵守護霊　憎いって、私には、あなたの言ってる意味が分からない。

綾織　憎いわけではないのですか。

朴槿恵守護霊　憎いんじゃなくて、劣《おと》るだけなのよ。

綾織　劣る?

朴槿恵守護霊　（日本人は）劣った民族なのよ。だから、教育する必要があるのよ。教育しなきゃなんない。憎いわけじゃないよ。バカなのよ。ただバカなのよ。

綾織　では、教育中ということですね?

朴槿恵守護霊　バカだから、教育してやらないと。愛のムチなのよ!

綾織　愛のムチ?

朴槿恵守護霊　先進国としてね、愛のムチを今、振《ふ》るってるわけだ。

綾織　韓国《かんこく》は先進国なのですね?

朴槿恵守護霊　うん。うん。

綾織　なるほど。

以前の霊言《れいげん》に登場した朴大統領の守護霊の正体を検証する

綾織　これは、前回の霊言《れいげん》の検証に当たるところなのですが、先日の霊言によって、あなたご自身が、当時、地上で、安重根《あんじゅうこん》の背後にいるような方で……（126〜139ページ参照）。

朴槿恵守護霊　安重根の背後にいるような方……。私が？

綾織　はい。

朴槿恵守護霊　それで？

綾織　さらに、関東大震災のころに日本に来られ、そこで、何らかの、やや悲惨《ひさん》なことを経験されたということが、一部、明らかになったのですけれども、それは、どうなんでしょうか。

朴槿恵守護霊　うーん……。なんか変なことを言うねえ。何だろう。それは、どういう意図？

ああ、私の地位を落とそうとしてんの？

綾織　ああ、すみません。分かりました。質問の仕方を変えましょう。一昨日《おととい》（二月十五日）、ここ（総合本部）ではないのですが、朴槿惠大統領の守護霊の霊言が収録されました。あなたは、そこにいらっしゃった方ですか？

朴槿惠守護霊　そらあ、まあ、同根《どうこん》だから、一緒《いっしょ》よ。

綾織　あっ、同根？

朴槿惠守護霊　通じるよ。

綾織　通じている？　通じているというのは……。

朴槿惠守護霊　同根って、そらあ、男と女の違《ちが》いはあるけど、まあ、一緒にいるよ。

綾織　なるほど。

朴槿恵守護霊　うん。意識は、どっちにでも、いつでも変わるよ。

綾織　ということは、われわれの考え方で言う、魂《たましい》のきょうだいの一人が来たと？

朴槿恵守護霊　まあ、そういうことになるのね。

綾織　それで、その方は男性で……。

朴槿恵守護霊　だから、「今日は、女性のほうが好ましい」と思って、女性のほうをなるべく出そうとしてるけど、だんだん腹が立ってき始めたら、それは、分からないよ。

綾織　ああ、そうですか（笑）。だんだん変わってきますか？

朴槿恵守護霊　男に変わるかもしれないよ。

綾織　なるほど。なるほど。

朴槿恵守護霊　うーん。

綾織　では、今、いらっしゃっている方は、（机上《きじょう》の経典《きょうてん》『安重根は韓国の英雄《えいゆう》か、それとも悪魔《あくま》か』を指して）ここに書籍《しょせき》もありますが、安重根の霊言を収録したときに来られた方でいらっしゃいますか。

朴槿恵守護霊　うーん。いちおう、そのほうがソフトに見えるかと思うて頑張《がんば》っているんだけど、だんだん腹が立ってき始めたから……。

綾織　あ、なるほど（苦笑）。

朴槿恵守護霊　唐辛子《とうがらし》が頭に回ってきたから、もうそろそろ駄目かもしれない。もういきそう。ああ、もう我慢《がまん》ができないわ。

「産経新聞」っていう言葉が、頭の上に立ち上がってきたから、そろそろ腹が立ってき始めた。

綾織　（苦笑）そうですか。

朴槿恵守護霊　あれは、にっくき新聞。あそこを、何とかして焼き尽くしたいわ。

綾織　では、幸福の科学・産経新聞・安倍首相、これらは……。

朴槿恵守護霊　これは悪の権化《ごんげ》じゃん？

綾織　悪の権化ですか（苦笑）。

朴槿恵守護霊　「悪のトライアングル」っていうのは、これじゃない？

綾織　なるほど。

朴槿恵守護霊　「悪魔のトライアングル」よ。

綾織　この一連の霊言は、すべて、あなたの魂のきょうだいの霊言であることが分かりました。

朴大統領の過去世《かこぜ》は、「安重根《あんじゅうこん》のような小者《こもの》」ではない？

朴槿恵守護霊　まあ、安重根《あんじゅうこん》が云々《うんぬん》言うけども、安重根を英雄と思うてたのは、私の確信的なもんだから。

綾織　うーん。

朴槿恵守護霊　英雄に祀《まつ》り上げて、まあ、「もちろん、ゴッドファーザー的な、もっと偉《えら》い人が、後ろから糸を引いてたのは当然でしょうね」っていうことですからねえ。

綾織　この男性の魂は、そのゴッドファーザーでいらっしゃるわけですか。

朴槿恵守護霊　まあ、そういうことになりましょうねえ。

綾織　なるほど。

朴槿恵守護霊　そんな、バカバカしい。目の前で取り押《お》さえられて逮捕《たいほ》され、処刑《しょけい》にされるような小者《こもの》と一緒にされては（笑）、困るわね。

綾織　では、その計画を立てて、指示を出した方？

朴槿恵守護霊　まあ、でも、国内では、そうした陰謀《いんぼう》は山とあったんですから。そのなかで、裏の裏の、いちばんの隠《かく》れたゴッドファーザーだね。

綾織　前回の霊言で、「あなたは、そのとき、警察関係の方であった」という話が出たのですけれども、実際に、警察にいて、そういう計画を立てて……。

朴槿恵守護霊　細かいねえ。だけど、そうは言ったってねえ、警察だって、韓国人なら、みんな裏切り者よ、日帝《にってい》（日本帝国主義）の。そらあ、当然そうだよ。みんな、表と裏の顔は違うんだからね。

綾織　分かりました。特定できました。

3　「経済の創造」の驚《おどろ》くべき狙《ねら》い

反日政策は正しい「歴史認識」に基《もと》づいている？

綾織　あらためて、「慰安婦問題《いあんふ》」や「安重根の問題《あんじゅうこん》」などで反日ムードを盛り上げて、何をされようとしているのかというところをお伺《うかが》いしたいと思います。

ちなみに、前回（第１章参照）は、「三兆円欲《ほ》しい」という話も出ました。

朴槿恵守護霊　うん、あんたは、産経新聞の社長代行で、今、来とるんかい？　え？

綾織　いえ、もう、産経新聞は関係ありません（綾織は、元産経新聞記者）。

朴槿恵守護霊　あれ、いつ潰《つぶ》れるのよ？

綾織　まあ、ある意味で、国民の代表として、お伺いしていますので……。

朴槿惠守護霊　国民の？　そんなことはないでしょう？　そんなの、暴力右翼《うよく》や暴力団の取ってる新聞だろう？　え？

綾織　いえいえ。そんなことはありません（苦笑）。それで、お伺いしたいのですが、従軍《じゅうぐん》慰安婦問題や、中国が建てた安重根義士《ぎし》記念館の問題等を使って、あなたが目指されていることというのは、結局、お金……。

朴槿惠守護霊　いや、正しい歴史認識じゃん。正しい歴史認識。日帝《にってい》の三十六年近い支配のおかげでねえ、どれほど、わが民族が苦しみ抜《ぬ》いたか。この苦しみを、今の日本の若い者《もん》は、全然分かっとらんで、もう、日本が先進国みたいな顔をしてねえ、アメリカからタダ取りしたものとか、韓国《かんこく》から盗《ぬす》んだ文化とか、いろんなもので、今、繁栄《はんえい》してるんだよ。これは許せんわ。

綾織　うん？　日本は何を盗みました？

朴槿惠守護霊　全部、盗んだだろう？　だから……。

綾織　全部とは何ですか。

朴槿惠守護霊　アメリカから入る以前は、全部、韓国から来たもんだ、要は。まあ、中国も一部はあるけれども、日本の誇《ほこ》るものは何にもない。

朴槿惠守護霊は「日韓併合《にっかんへいごう》」をどう見ているか

綾織　あなたご自身が、過去世《かこぜ》の転生《てんしょう》のなかで経験されていると思いますが、実際には、日韓併合《にっかんへいごう》のあと、衛生状態も格段によくなりましたし……。

朴槿惠守護霊　いや、そんなの、言い訳にならない！　言い訳にならない！

綾織　言い訳ではありません。

朴槿惠守護霊　そんなの、罪滅《つみほろ》ぼしの一部だ、ただの。

綾織　では、その前の日本の罪は何ですか。

朴槿惠守護霊　え？　日本が国を取ったんだから、そらあ、当ったり前じゃない。当ったり前でしょう！

綾織　いや、日本が国を取ったわけではなくて、当時、植民地支配が世界に広がっているなかにおいて、韓国は、独立国家として、うまく国を運営できなかったわけですから、罪と言えば、そうした罪が、韓国の側にあると思います。

朴槿恵守護霊　それは、あんたがたの都合《つごう》のいい言い方でしょうが。

綾織　いえいえ。そんなことはありません。これは、客観的な……。

朴槿恵守護霊　まあ、何人《なんぴと》といえどもだねえ、無断で他国に土足で這《は》い上がってきて、それを支配するなんていうことは許されんことですよ。

綾織　いやいや。本当は、それをやりたくなかったんですよ。

朴槿恵守護霊　いちばん悔《くや》しいのはね、「一戦も交《まじ》えずに取られた」っていうのが、いちばん悔しいわね。

綾織　まあ、そうですね。

朴槿恵守護霊　「戦争で負けて」っていうんなら、ちょっとは分かるけども、「勝手に併合して、国際社会がそれを認めた」っていうのは、絶対、許せないね。

綾織　「勝手に」というわけではないですよ。実際に、朝鮮《ちょうせん》は、清《しん》についたり、ロシアについたり、あちこち行ったりして、自分たちで主体的な外交ができず……。

朴槿恵守護霊　そうよ。だから、私の外交なんか、全然、間違《まちが》ってないのよ。これは、韓国の伝統的なやり方なんだから。いろんな外国にあちこち行って、交渉《こうしょう》するのが当たり前なんですから。何も問題はないじゃない？　全方位《ぜんほうい》外交してんのよ。

綾織　では、李氏《りし》朝鮮とか、もっと前の時代のやり方をずっとやっていくということですね？

朴槿恵守護霊　まあ、たまたま不幸なことに、地政学的に、周りを強国に囲まれたっていうことが、韓国の不幸ではあったけどもね。それはあるけどもねえ。

綾織　そうですね。

朴槿惠守護霊　中国とかロシアとか日本とかに挟《はさ》まれたっていうのは、これは不幸ではあったけどもねえ。だけど、昔の恩っていうのを思い出して、もうちょっと丁重《ていちょう》な扱《あつか》いをすべきだったと思うな。

綾織　まあ、今でもそうですが、「そのなかで、どう国を成り立たせていくか」というのが、大事なわけではないですか。

「日韓《にっかん》基本条約」に文句をつける朴槿惠守護霊

朴槿惠守護霊　だからさあ、さっき、何か言ってたじゃない？　総裁、よく勉強してるじゃない？　最近。六十五歳《さい》以上に二十万ウォン配《くば》りたいけど金がないのよ。だから早くよこしてよ。

綾織　あ、そこの資金ですか。

朴槿惠守護霊　だから、従軍慰安婦の像を急いでつくってるんだから、そのために。早く片付けたいでしょう？　早く片付けたかったら、早く出しなさいよ！　ちゃんと。

綾織　なるほど。

朴槿恵守護霊　だからね、一九六五年で全部、片付いてるなんて、そんなバカなことがあるわけないでしょう？　この心の痛みは、何十年たっても消えませんよ！

綾織　では、「一九六五年の●日韓《にっかん》基本条約を、一回、なかったことにして、もう一回、話し合いで、戦後賠償《ばいしょう》を決めましょう」ということですか。

朴槿恵守護霊　うん。それから、経済成長したでしょう？　経済成長した分だけ、その賠償は、もっとやらなきゃいけないわけよ。

綾織　うーん。まあ、韓国もそうですよね？

朴槿恵守護霊　だけども、日本だってしたでしょう？　だから……。

綾織　日本もしましたけれども、まっさらにして、もう一回、日韓基本条約を結び……。

●日韓基本条約　1965年に日本（佐藤栄作首相）と韓国（朴正煕大統領）との間で締結された条約。日本から韓国に対する経済協力、両国間の財産、請求権一切の解決の確認、それらに基づく関係正常化などの取り決めを行った。

朴槿恵守護霊　一九六五年の物価とGDPに合わされたんじゃたまらないわ、そんなの。今なら、もっと巨額《きょがく》になるでしょう？　当然。

綾織　そうですね。巨額になりますね。いいですよ、それで。

朴槿恵守護霊　うーん。だから、従軍慰安婦で、今、名前をあげている、勇気ある「女の英雄《えいゆう》」が三人出てきているから、「一人一兆円として、三兆円」って、この前、言ったじゃない！

綾織　仮に、三兆円でもいいですけれども、逆に、日韓基本条約をもう一回結び直すと、おそらく、二十兆円ぐらいは、韓国から日本に払《はら》わないといけないですよ。

朴槿恵守護霊　そんなことない。国際世論《せろん》で許されるわけないでしょう？

綾織　いや、国際世論は関係なしに、そこがスタート地点になりますよ。

朴槿恵守護霊　侵略《しんりゃく》国家は日本なのに、なんで、韓国が払わなきゃいけないのよ。

綾織　そこがスタート地点で、やっと話し合って……。

朴槿恵守護霊　バカなことを言うんじゃないわよ、あんた。あんた、いかれてるわよ。ジャーナリスト以下だわ。それは無理だわ。

あくまでも日本に「謝罪」を求める理由

綾織　では、基本的に、そういう年金など、韓国の国内に払うために、日本からお金が欲しいと？

朴槿恵守護霊　まあ、ちょっとねえ、今、困ってるのよ。

綾織　困っている？

朴槿恵守護霊　うーん。だから、サムスンとヒュンダイがちょっとだけ頑張《がんば》ってるけど、あとの企業《きぎょう》は、もう、どこも軒並《のきな》み、ひどい状態だからね、今ねえ。

綾織　そうですね。

朴槿恵守護霊　これをどうにかしなきゃいけないのよ。私は、だからねえ、「経済の創造」っていうことを、今、強く訴《うった》えてるのよ。創造しなきゃいけないの。「経済の創造」って、要するに「金をつくる」っていうことですよね？　マネー・メイキングなのよ、英語で言えば。そのマネー・メイキングの方法を考えたら、いちばん簡単な方法っていうのが、ここにあるわけですよ。

綾織　ただ、「簡単な方法」よりも、「正当な方法」をとられたほうがいいと思いますね。

朴槿恵守護霊　いや、だって、日銀は、お金を、もう刷りたくて刷りたくて、出したくて出したくて……。

綾織　まあ、それはそうですね。

朴槿恵守護霊　そんな、アフリカなんか投資して、どうするのよ？　隣《となり》の国が、こんなに謝罪を求めてるのに、ええ？

綾織　いや、いいと思いますよ。韓国に、日本から投資しやすい環境《かんきょう》をつくっていただければ、いくらでも投資できます。

朴槿惠守護霊　だから、「従軍慰安婦の像」を、一個一兆円で〝買って〟ちょうだいよ。

綾織　いや。そういうことではなくて、きちんと投資できる環境をつくってくれれば、それでいいと思うんですね。

朴槿惠守護霊　環境は、あなたがたが謝罪さえすれば、いくらでもできるじゃない。

綾織　いや、謝罪は関係ありません。

朴槿惠守護霊　え？　謝罪しながら入ってきたらいいのよ。

綾織　謝罪を強制するならば、もう、「今後、韓国とは付き合えない」という話になりますから、お金は、韓国に行かないですよ。

朴槿惠守護霊　ああ、そんなことない。日本っていうのは、もう、〝わびさびの文化〟っていって、詫《わ》びることがだいたい基本なんです。

綾織　そんなものは関係ありません（苦笑）。別です（会場笑）。

4 オバマ氏との会談で「言いたいこと」

不況《ふきょう》に苦しむ「韓国《かんこく》経済」に未来はあるのか

綾織　では、ここで、韓国《かんこく》の事情に詳《くわ》しい……。

朴槿惠守護霊　もう、産経では無理か。産経の知力じゃ無理だなあ。私はね、五カ国語を操《あやつ》るんだよ。だからねえ、才媛《さいえん》なの。

綾織　韓国の事情に詳しい二人がおりますので（他の質問者を指す）……。

朴槿惠守護霊　ああ、そう？

綾織　国内問題等について、少しお訊《き》きできればと思います。

朴槿惠守護霊　（質問者の呉に）ちゃんと日本を裏切るようにな。日本を裏切って亡《ぼう》命《めい》しなさい。

呉　すみません、一つお伺《うかが》いしたいのですが、今回、日韓関係が非常に冷え込《こ》んでいるなか、韓国国内でも、「日韓首脳会談はやったほうがいいのではないか」という世《よ》論《ろん》が、今、じわりじわりと出てきているのですけれども……。

朴槿恵守護霊　うん。そりゃあるよ。

呉　そういう世論を無視しても反日に突《つ》き進むのには、何か理由がおありなのでしょうか。

朴槿恵守護霊　うーん、まあ、それは、結局、公約違反《いはん》になるからねえ。だから、「経済の創造」をしなきゃいけないんだ、私は。「経済の創造」を何かしなきゃいけないんで、焦《あせ》ってるんですからねえ。中国も、意外に財布《さいふ》の紐《ひも》が固くてねえ、そんなに、スッとは金が出ないねえ、そう簡単にはねえ。だから、日本がやっぱり出しやすいわなあ。

呉　「日本にお金を払《はら》ってもらいたい」というお話だったのですけれども、もし、仮に、日本が払った場合、そのお金は、国内のバラマキにお使いになるわけですよね？

朴槿惠守護霊　ああ、もちろん、大統領の任期っていうのは限りがあるから、私がいる間《あいだ》だけ、お金を払えれば、あとの人がどうするか、それをお返しするか、ふんだくるかは、自由ですよね。少なくとも、円借款《えんしゃっかん》であろうと、賠償金《ばいしょうきん》であろうと、何でも構わないし、名目は何でもいいけど、今、資金が大量に流れ込んでくる状況《じょうきょう》が望ましいですねえ。

呉　大統領選挙中に、「経済の民主化」ということを、非常に強くおっしゃっていて、「財閥《ざいばつ》が大半を握《にぎ》っている韓国経済を、何とか中間層にも分配しなくてはいけない」と訴《うった》えられていたと思います。

そのためには、財閥以外の企業《きぎょう》が、しっかりと育っていく必要があると思うのですが、そういうところには、何かプランはお持ちなのでしょうか。

朴槿惠守護霊　うーん、やっぱり、韓国は〝貴族の国〟だからねえ、難しいのよ。日本みたいに、「全部、庶民《しょみん》」っていうような国と、ちょっと違《ちが》うのでね。〝貴族文化〟があるから、どうしても、財閥が力を持つのよね、基本的にはねえ。

綾織　それは、ご自身の公約された内容とは逆のお話になりますよね？

朴槿恵守護霊　うん、まあ、票は票として、守らなきゃいけないからねえ。だから、そういう意味で、日本みたいに、「財閥解体をして弱くする」というようなことは、ちょっとできないし、やっぱり、サムスンとかには、税制の優遇《ゆうぐう》等をしっかりやってるからねえ。

それに、利益が出てるように見せないといけないいじゃない？　国際的には。すっごく大きい優良企業に見せないといけないからねえ。

だから、そのツケは、やっぱり、中小（企業）のほうに回ってると思うよ。

綾織　そこは、どうされるのですか。もう、そのままで、やむをえないのでしょうか。

朴槿恵守護霊　まあ、だから、今のままだと、たくさん潰《つぶ》れるねえ。

綾織　そうですよね。

朴槿惠守護霊　だから、どこかから、金を……。やっぱり、〝血液〟がお金として入ってきさえすれば、みんな息を吹《ふ》き返すからさあ。それで、日銀のを引いてこようとしてるんじゃないの？　これが、「経済の創造」なのよ。「創造経済」なの。

明らかになった韓国《かんこく》の「情報工作」

綾織　ただ、仮に、日本からお金をもらったとしても、そのように、「中小企業にお金を回す」というのは、それほど簡単なことではないですよね。

朴槿惠守護霊　いやあ、日本人の良心に訴えかければ、小さいところから救っていきたいでしょう？　日本の左翼《さよく》って、みんなそうじゃないの？　「大企業は無視して、中小を救え」って、みんな言ってるじゃない？　共産党、社民党、それから、朝日新聞、毎日新聞まで、みんなそうじゃない？　「中小を救え」って言ってるじゃないですか。ねえ？

綾織　ということは、そういう年金の公約にしろ、経済の民主化にしろ、経済政策、福祉《ふくし》政策は、イコール、「日本を攻撃《こうげき》してお金をもらう」というのとセットであるわけですね? もう、そういう構図になっているわけですね?

朴槿恵守護霊　だからねえ、うちは、あなたがたみたいに、単細胞《たんさいぼう》じゃなくて、頭脳外交をずーっとやってるから。もう、情報将校たちが、いろんな仕掛《しか》けを日本に仕掛けていっているので、ありとあらゆる日本の左翼勢力の政治活動を裏から支援《しえん》はしているのよ。

だから、まあ、沖縄《おきなわ》も、ちょっと絡《から》んでるし……。

綾織　ああ、韓国から沖縄へも、工作をしている?

朴槿恵守護霊　反原発も絡んでるし、もちろん、この前の都知事選だって絡んでるし、大阪《おおさか》へんもちょっとゴソゴソやってるし、まあ、環境《かんきょう》左翼が、今、増えてきているから、このへんも、全部、入ってるし、日本のブラック企業の問題なんかを騒《さわ》ぎ立てるのもやってるし、けっこういろいろ入って、今、頑張《がんば》ってんのよ、情報外交で。

綾織　ほう! すごいですね。

朴槿惠守護霊　うん。

綾織　あらゆるところに入ってますね。

朴槿惠守護霊　あらゆるところに入っています。産経新聞以外は、ほとんどのところに入ってます。

綾織　そうですか（苦笑）。では、それが成功してきていると？

朴槿惠守護霊　あなたがた、「愛・知・反省・発展」って教えてるんでしょう？　基本教義《きょうぎ》で。だから、日本に正しい反省を教えなきゃいけないからね。反省を教えるためには、やっぱり、自分たちの罪を認識しなきゃ、反省しないじゃない？　ね？

なぜオバマ氏に「訪韓《ほうかん》」を働きかけたのか

綾織　オバマ大統領が四月にいらっしゃいますが、韓国《かんこく》にも今回、行くということになりました。

朴槿恵守護霊　うん、うん。

綾織　では、オバマ大統領も巻き込んで、次にはどんな手を打とうとされていますか。

朴槿恵守護霊　オバマにはねえ、「安倍《あべ》がいかに信用ならない人間かを、徹底的《てってい》に吹き込まなきゃいけない」と思ってるの。どうやって吹き込もう？　短時間の間に詰《つ》め込まなきゃいけないからねえ。今、その時間の短縮をどうやってやるかを考えてるの。

綾織　一日だけですからね。

朴槿恵守護霊　うーん、どうやってそれを詰め込むかだねえ。もう、クシューッと詰め込まなきゃいけないからねえ。

綾織　大変ですね。何をおっしゃるつもりですか。

朴槿恵守護霊　やっぱり、アメリカは、奴隷《どれい》制への反省を、オバマが総括《そうかつ》すべきですよね。大統領任期中にね、奴隷制の反省。「日本でもかつて同じことがあったんだ。アメリカもその方向で反省するから、日本もきちんとしろ」というようなことを、やっぱり言ってもらいたいですね。「人の国を蹂躙《じゅうりん》して、奴隷扱《あつか》いしたようなことは、もう永遠に、一千年は許されない行為《こうい》なんだから、それをやっぱり反省しろ」と。

各国で「慰安婦《いあんふ》問題」を追及《ついきゅう》するとどうなるか

綾織　これは、現実には、また、慰安婦《いあんふ》の問題になってしまうかもしれませんけれども……。

朴槿恵守護霊　うん。けしからんことですよ。

綾織　朝鮮《ちょうせん》半島でも、朝鮮戦争がありました。そのときにこそ、そういう慰安所みたいなものをつくって、韓国の女性の方々を、アメリカ軍の人たちに、まあ、ちょっと言葉は悪いですが、〝提供した〟ということも、実際あったわけですよね?

朴槿恵守護霊　それはねえ、まあ、行動の自由があるからねえ、それぞれ。

綾織　それは、行動の自由というよりも、むしろ、それこそ、「強制」させた部分がありまして……。

朴槿恵守護霊　それはねえ、セックスの自由だってあるから、自由意思でする分には、別に問題ない。全然、問題ないし、経済行為でする分には、全然、問題ない。
日本人の場合は、強制連行をして、慰《なぐさ》み者にして、最後は、紙切れ同然の軍票を渡《わた》して、それで、全部、金を取れずに、損した人がたくさんいるから、それが許せないんだよ。

綾織　現実には、ＮＨＫの籾《もみ》井《い》会長もおっしゃっていたように、残念ながら、どうしても軍隊には、慰安婦の問題が付きものだったのかもしれません。
だから、あなたが、もし、慰安婦の問題をずっと追及《ついきゅう》し続けると、だんだん検証が始まってきて、「韓国にもありました」「アメリカにもありました」という話になってしまうと思うのです。

2014年1月31日、籾井勝人ＮＨＫ新会長の守護霊霊言を収録した。
（幸福の科学出版）

慰安婦《いあんふ》の霊言《れいげん》を「やめてほしい」とごねる

朴槿恵守護霊　だって、この前……、あれ、お詫《わ》びしてちょうだい。まだ、お詫びもらってないんですけど、橋下《はしもと》市長の。

綾織　橋下市長？

朴槿恵守護霊　慰安婦《いあんふ》が二人行って、謝罪させようとした、あの、社民党が手引きしてくれて、弁護士も手引きしてくれて、大阪市長に面会を申し込んで……。

綾織　ああ、大阪市長にですね。

朴槿恵守護霊　あの謝罪させようとしたときに、ビラを撒《ま》いたのはおたくだろう？ あれ、ビラ撒いて……（注。「従軍慰安婦だった」と称《しょう》する女性二名の守護霊霊言《れいげん》『神に誓《ちか》って「従軍慰安婦」は実在したか』〔幸

『神に誓って「従軍慰安婦」は実在したか』
（幸福実現党）

福実現党刊〕参照〕が収録された三日後、同霊言を収録したビラを各地で配り、女性たちが橋下市長との面会をキャンセルした）。

綾織　まあ、ビラも撒きましたが……。

朴槿恵守護霊　ああ、きちんと調べ上げてるんですからねえ。

綾織　あのときも、正しい内容を……。

朴槿恵守護霊　ああいう八十代後半の、か弱い女性たちは暴力団の影《かげ》に怯《おび》えて、もう、日本の暴力団は怖《こわ》いから逃《に》げて帰ったんじゃないか。

綾織　いや。暴力団ではなくて、「正しい内容を啓蒙《けいもう》した」ということなのです。そのため、結局は、橋下さんに会えずに、お帰りになったのだと思うんですね。

朴槿恵守護霊　だいたい、韓国はねえ、伝統的に、シャーマニズムみたいなものが、地下に流れてはおるからねえ。

そういう霊能者が見立てて、「こうだ」とか言われると、信じる人が出てくるから困るのよ！　ほんとにやめてもらえないかなあ。

綾織　それを、今、困っていて、幸福の科学に来ているのですね？

朴槿惠守護霊　日本は、証拠《しょうこ》のないもののことを主張してはいけない。韓国は、証拠がなくても主張しても構わない。これが対等外交ですから。価値の対等外交ですよ。

綾織　それでいいんですね？

朴槿惠守護霊　うん、それは当然でしょう。日本はもともと負債《ふさい》を負ってるんですから。原罪があるんですよ。だから、そんな、霊能だの、超能力《ちょうのうりょく》だの、いかがわしいもんでねえ、他国を傷つけるようなことをしちゃいけないわけよ。

5 暗殺された母親を思い出すと「つらい…」

日本が韓国《かんこく》を守ることを「全然、信じていない」

綾織　まあ、今日は、朴槿惠守護霊さんの本音ですので……。

朴槿惠守護霊　本音ですよ。

綾織　あまり、歴史だけにこだわらずにお伺《うかが》いできればと思うんですけれども。

朴槿惠守護霊　あっ……、そうだね。うん。

綾織　実際に韓国《かんこく》と日本との関係を考えたときに、北朝鮮《きたちょうせん》のテーマというのは、前回（第1章）にも出ましたけれども、やはり、「日本が、どれだけアメリカと協力して、韓国を守れるか」ということが、いちばん重要な問題ですよね。

朴槿惠守護霊　あ、そんな気あるの？　そんな気あるの？

綾織　もちろん、ありますね。

朴槿惠守護霊　ぜーんぜん信じてない。

綾織　あります。

朴槿惠守護霊　ぜーんぜん信じてない。

綾織　あなたが罵《ののし》っている安倍《あべ》さんにもありますよ。

朴槿惠守護霊　ぜーんぜん信じてませんねえ。きっとねえ、「法律上、まだ整備されてない」とか言うて、知らん顔するんだと思ってる。

綾織　いやいや。法律もそうですし、韓国との防衛上の協定もいろいろ結ぼうとして取り組んでいます。

朴槿惠守護霊　いや、「集団的自衛権」なんていうので、アメリカを守ることはあっても、「韓国を守ろう」なんて思ってないと思うなあ。

「中国・北朝鮮《きたちょうせん》・韓国《かんこく》で平和な繁栄圏《はんえいけん》をつくる」

綾織　いやいや。「朝鮮《ちょうせん》半島有事」ですよ。

朴槿恵守護霊　ええ？

綾織　朝鮮半島有事では、アメリカが戦います。

朴槿恵守護霊　金正恩《キムジョンウン》が釜山《プサン》まで攻《せ》めてくるまでは、ジッと待ってるんでしょう？

綾織　いえいえ。アメリカは行動しますよ。

朴槿恵守護霊　それからあと、朝鮮半島から日本に難民が来た場合は、それをどうにかして食い止めようとするんでしょ？　それが、あんたがたの作戦なんだよ。

綾織　そのときもやりますよ。

朴槿恵守護霊　え？　食い止めるんでしょう？　日本に住みつかれないようにするん

でしょ？

綾織　少なくとも今の時点では、アメリカは、「朝鮮半島で戦う」というふうに言っているわけですからね。

朴槿惠守護霊　「オバマが戦える」とは思えないねえ。

綾織　まあ、それは確かにそうですけどね。

朴槿惠守護霊　戦えないいんじゃない？

綾織　だからこそ、「アメリカと日本が、韓国《かんこく》のために戦える体制をつくる」ということが、あなたの仕事ですよね？

朴槿惠守護霊　いや、私の本心は、やっぱりねえ、「にっくき日本を叩《たた》く」ということで、「中国、それから北朝鮮、韓国が心を一つにして、もう一度、平和な繁栄圏《はんえいけん》をつくる」ということにあるんですよ。

だから、竹島《たけしま》問題を中心にして、日本を攻めまくったら、今は北朝鮮だって乗ってくる感じがするから、このへんで何とか共闘《きょうとう》できないかなと思ってんのよ。共通の敵をつくれば、友達になれるじゃないですか。韓国の脅威《きょうい》を減らせるじゃないですか。

韓国《かんこく》国民は「日本を叩《たた》きのめす強いリーダー」を求めている？

綾織　これは、前回（第1章）から続いていることなんですけれども、今の内容ですと、本当に韓国《かんこく》大統領でいられなくなる可能性が出てきますよね？

朴槿惠守護霊　そんなことない。これが、国民の支持をいちばん受ける言い方なんですから。強い人が欲《ほ》しいんですよ。

綾織　いやいや。確かに歴史問題では、反日的な感情というものは強いですけれども、北朝鮮と有事になったときに、「じゃあ、一緒《いっしょ》に日本を攻めよう」などと言う韓国国民は、一部、いるかもしれませんが、極《きわ》めて少ないですよ。

朴槿惠守護霊　いやあ、そういう強いリーダーを求めてるのよ。日本を叩《たた》きのめせるぐらいの強いリーダーを、韓国国民は求めてんのよ。

綾織　いやいや。求めていないと思いますね。

朴槿惠守護霊　これは〝英雄《えいゆう》〟であるし、〝救世主〟なわけよ。

「整形」と「韓国《かんこく》の男」を勧《すす》める朴槿惠守護霊

朴槿惠守護霊　（社林に）あんた、ボケッとしてるけどさあ、韓国に何しに来たのよ？　整形手術した？（会場笑）してないでしょう？　だから、やるべきことをちゃんとしないと駄目《だめ》じゃない！　せっかく韓国まで来て……、先進国まで来たのに！　うーん。

綾織　では、少し角度を変えてですね……。朴さんの個人的なお話もいろいろとお伺いしたいなと。

朴槿惠守護霊　ああ？　なんか、文句《もんく》ある？

社林　初めまして。整形は必要なかったので、しませんでした。

朴槿惠守護霊　え？　なんで？　必要あるじゃない？

社林　（苦笑）（会場笑）

朴槿惠守護霊　誰《だれ》が見たって必要あるよ。うーん。韓国に入国までしなきゃいけないぐらい、ほんと。

社林　私は、最近まで韓国のほうに住んでおりましたので、韓国人の知人や友人がたくさんいます。同世代の方もいらっしゃるんですけれども、そういう視点で、私のほうからは、過去の話ではなく、現在と、それから未来に関する質問をさせていただきたいのですが……。

朴槿惠守護霊　韓国の男はよかった？　どうだった？　日本よりいいでしょう？　ずっと。

社林　（苦笑）

朴槿惠守護霊　立派でしょ？

社林　あの、質問させていただいてもよろしいでしょうか。

朴槿恵守護霊　体格も立派だし、男らしいし、強いでしょう？　日本は「草食系」ばっかりじゃん、もう駄目だわ。韓国は男らしいでしょう？

綾織　大統領ですので、あまり、そちらのほうに行かないほうが……。

朴槿恵守護霊　うん？　私は大統領だから。そうなんです、そうなんですよ。

少子化問題は「北朝鮮《きたちょうせん》のなだれ込《こ》みで何とかなる」

社林　大統領に質問させていただきます。

今、韓国では、少子化問題について非常に関心が高まっていますが、それに並行《へいこう》した問題として、「中絶率の上昇《じょうしょう》も止められない」という現状があります。

朴槿恵守護霊　うーん、うーん。

社林　女性の大統領として、女性の立場から未来を考えた場合、今後、どのようにしていきたいと思われているのか、お教えいただけますでしょうか。

朴槿恵守護霊　まあ、人口はいいわ。もう、北朝鮮《きたちょうせん》がなだれ込《こ》んでくるから、そのうち増えるよ、どうせ。あれに仕事をやらないといかんけどね。人口は増えるから、何とかなるので、まあ、それはいいよ。うーん。

日本の技術者を〝強制連行〟してもよい

朴槿恵守護霊　あとは、日本から、ちょっと〝強制連行〟をしてもいいけどね。足りんかったらねえ。必要な技術者とかは、まだちょっと欲しいしね。

綾織　〝強制連行〟で、具体的にどうされますか。

朴槿恵守護霊　技術よ。技術を持ってる人間は来てもいい。

綾織　〝強制連行〟なんですか。

朴槿恵守護霊　まあ、強制というか、「過去の罪滅《つみほろ》ぼしに来た志願者を集める」っていうことだよ。

綾織　ああ。

朴槿惠守護霊　だから、まあ、韓国を発展させることに責任を感じる人が来るべきだと。

「韓国文化で飯《めし》を食ったろう」なんていうやつは来てもしょうがない。そんなもんは要《い》らないからね。焼き肉屋はもう結構ですから。手伝いに来なくていいですからね。なんで呆《あき》れたような顔をするのよお。「そうだそうだ」と言いなさい、もっと。

「日本を敵視し続けることで身を守りたい」という本音

社林　大統領選挙のときに、朴大統領は、「私には、家族がおりませんし、資産を譲《ゆず》る子供もいないので、国民を家族のように思い、母のような気持ちで政治を行っていきたい」とおっしゃっていたと思うんですけれども。

朴槿惠守護霊　ああ、聖母《せいぼ》マリアみたい。そんな感じがする。なんか……。

社林　ただ、先ほどの答えは、母のようなお答えではなかったかと思うんですが。

朴槿恵守護霊　いや。母よ。母は母。本当に韓国民のみんなの幸福を願ってるから。私は両親を暗殺されてるのよ。やっぱり、親日派っていうことはねえ、「暗殺を呼ぶ」っていうことなのよ。私も暗殺未遂《みすい》を一回受けてんのよ。カッターで襲《おそ》われてるのよ。カッターナイフでねえ。

綾織　そうですね。

朴槿恵守護霊　だからもう、日本を敵視し続けることで身を守りたいのよ。もう身寄りがないんだから、一人で生きていかなきゃいけないし、何とか生き延びなきゃいけない。大統領任期中は頑張《がんば》らなきゃいけないから、日本の悪口さえ言っとけばねえ、襲われないのよ。

父親・朴正煕《パクチョンヒ》元大統領を「裏切り者」と呼ぶ

綾織　お父様の朴正煕《パクチョンヒ》元大統領の霊言《れいげん》も収録されているわけですけども（前掲《ぜんけい》『韓国朴正煕元大統領の霊言』参照）。

朴槿恵守護霊　これは裏切り者《もん》だね。

綾織　うん？

朴槿恵守護霊　自分だって「反日教育」を裏でやってたくせにね。

綾織　実際にはそうだと思うのですが、ただ、「日本のよさ」も認めていらっしゃいましたよね？

朴槿恵守護霊　うーん……、まあ、それが自慢《じまん》だったんだけど、うーん……。まあ、自慢だったけど、悔《くや》しい。その両方かなあ。

母の話で見せた、意外な一面

綾織　お母様の話というのが出てきていないんですけれども。

朴槿恵守護霊　うーん……、つらいなあ。

社林　お母様は、国民の方から本当に慕《した》われていまして、いろいろな慈善《じぜん》事業などをされたと思うんです。

朴槿恵守護霊　うーん、うん（つらそうに顔を歪《ゆが》める）。

社林　今までの霊言では、あなたは、「お父様とは絶縁《ぜつえん》状態に近い」というお話だったのですが、お母様の陸英修《ユクヨンス》さんについては、どうでしょうか。

また、お母様から受けた教育で心に

陸英修（1925 ～ 1974）
第５～９代韓国大統領・朴正熙の妻で、第 18 代大統領の朴槿恵の母。1974年、朴正熙大統領の暗殺を狙った文世光が撃った銃弾が頭部に命中し、死亡した。（写真右端の人物）

残っていることや、「母のような気持ち」で大統領を務めるにあたり、何か心掛《こころが》けていることはありますでしょうか。

朴槿惠守護霊　父を暗殺しようとしたあれ（銃弾《じゅうだん》）がねえ、母のほうに当たって死んでしまって……。私が母代わりにファーストレディーをやらなきゃいけなくなったんで、ほんとに、母は気の毒ではあったけど……。

それにしても、憎《にく》いのは憎いねえ。もうほんとにねえ。悔しいねえ。ほんとに。韓国人がそんなに凶暴《きょうぼう》になったのは、日本の教育が悪かったからなのよ。ほんとに！

綾織　お母様とは話をされているんですか。

朴槿惠守護霊　うん？　うーん、まあ、それが……、どっかに行ってるんだよね。

綾織　ああ……。

朴槿惠守護霊　うーん……。どっかには行ってるんだ。

綾織　お母様は、お父さんと一緒にいらっしゃるんですかね？

朴槿恵守護霊　うーん……、どうも違《ちが》うみたいな感じがするから、母は、やっぱり憎んでいるっていうか、まあ、何て言うかねえ、政治を憎んでるんだよねえ。

綾織　政治そのものを？

朴槿恵守護霊　うーん、すごく憎んでいるんだよねえ。うーん……、憎んでるのねえ。

綾織　それをもう少し具体的に言うと、「政治にかかわると不幸になる」というような考え方なんですか。

朴槿恵守護霊　うーん、まあ、そう。だから、私が大統領になるのも心配したんじゃないかなあとは思うんですけど、運命でねえ。まあ、ほかに人材がいないから、私が出てこざるをえなかったんだけどね。

まあ、「喜んでくれる」というよりは、まだ、「心配して悲しんでいる」という感じが強いんじゃないかなあ。

だから、私が日本を徹底《てってい》的にいじめて反省させたら、母は幸福になれるんじゃないかなあという感じがする。

綾織　本当にそうですか。

朴槿恵守護霊　うーん……、たぶん……。うーん。

社林　「お母様を殺したのは日本人ではない」と思うんですけれども。

朴槿恵守護霊　分かってるけども、教育したのは日本人だからねえ。そういう悪い韓国人をつくったのは日本人だから。

綾織　うーん、日本の教育は、実際にやった人とは直接的には関係ないと思いますけどね。

朴槿恵守護霊　うーん……。

両親が暗殺された「仇討《あだう》ち」の相手とは

呉　「暗殺されたくない」ということを繰《く》り返しおっしゃっていますけれども……。

朴槿恵守護霊　そりゃ、一回狙《ねら》われたら、もう嫌《いや》や。嫌、嫌、嫌やわ。

呉　それは、「お父様を暗殺された」というよりは、「お母様を暗殺された」ということのほうが、心の傷は大きかったということでしょうか。

朴槿恵守護霊　うーん？　まあ、韓国では、あの映像を繰り返し見せられている方が多いのでねえ。

だから、いやあ、つらいよねえ、ほんとにねえ。私の気持ちも分かってよ。どこかに、その原因を求めたいじゃないの？　ねえ？

「両親のどこが悪かったか」っていったって、まあ、ありえるとしたら、「国民に対して『反日』を言ってたけど、やっていることは『親日的』だったところが、やっぱり、裏切り者に見えたんかなあ」という気持ちがするのでねえ。そこかなあと、やっぱり、どうしてもねえ……。

綾織　そこから、今の「反日」のスタンスが来るわけですか。

朴槿恵守護霊　だから、両親ともいなくて、大統領になったんだから、どれだけ苦労したか分からない。まあ、それは大変だったんですからねえ。
やっぱり、何とか両親の仇《あだ》を討《う》たなきゃいけないわねえ。

綾織　うーん……。

6　明らかになる「反日のルーツ」

関東大震災《だいしんさい》のときに受けた「侮辱《ぶじょく》」

綾織　ちょっと、過去世《かこぜ》の話になるんですけれども。

朴槿惠守護霊　ああ……。

綾織　前回（第1章）、関東大震災《だいしんさい》のときに、関東近辺、東京近辺にいらっしゃったような話が出たのですが、そのときには、実際、何を経験されたのですか。

朴槿惠守護霊　（舌打ち）すごい軽蔑《けいべつ》っていうか、侮辱《ぶじょく》は受けたんじゃないかな。

綾織　はい、はい。

朴槿惠守護霊　あらぬことまで、あたしたちがやったような……。「井戸《いど》に毒を投げ込《こ》んだ」から始まってねえ、「自警団をつくって襲《おそ》う」みたいなことをそうとうやられた……。

綾織　当時は、誤解があったと思います。

朴槿惠守護霊　まあ、流言飛語《りゅうげんひご》だよね、いわゆるねえ。その反省に基《もと》づいて、戦後は成り立ってるんだから。

綾織　それ自体は反省すべきものがあると思います。

朴槿惠守護霊　日本人っていうのは、都合《つごう》が悪くなったら、それを韓国人《かんこくじん》とかのせいにするから、気をつけないといけないからねえ。だから、もし金正恩《キムジョンウン》が核《かく》ミサイルを日本に撃《う》ち込んだって、自業自得《じごうじとく》なのよ、そんなのはね。

綾織　それとミサイルとは結びつかないですけどね。

「日本の宗教」に対してすごくアレルギーを感じる

綾織　「今世《こんぜ》の両親が暗殺された」という経験、そして、その過去世の経験。この二つが、あなたが「日本を叩《たた》く大統領」としてやっていくもとになっているんですかね？　この二つなんですか。

朴槿恵守護霊　うーん……、なんか、もっと深いものもあるような気がしてならないですけどね。もっと深いものがあるような気はする。

うーん、なんかねえ……、日の丸とか、日本の宗教に対して、すっごいアレルギーを感じる……。

綾織　日の丸自体は、実際には、明治維新《いしん》以降なのですが、そのなかでの経験なのでしょうか。

朴槿恵守護霊　だから、あれじゃないか。まあ、よくは知らんのだけども、日本の神話では「日」の神様が……。

綾織　はいはい。

朴槿惠守護霊　あま……、天照《あまてらす》だか、何だか。

綾織　天照大神《おおみかみ》ですね。

朴槿惠守護霊　まあ、ほんと〝自己中〟だと思うのよ。「日の神様が日本の神様だ」っていうようなのは、〝自己中〟だね。太陽は全世界のものだけど、これを自分のところに持ってきたあたりで、早くも〝自己中〟が出てる。

それで、弟かなんかがいて、「倭寇《わこう》として韓国を荒《あ》らしに来た初代は、そのあたりなんじゃないか」って、どうも言われてるからねえ。

朝鮮《ちょうせん》半島に攻《せ》めてきた「日本の神」との関係

綾織　では、そのあたりの経験もある？　須佐之男命《すさのおのみこと》が朝鮮《ちょうせん》半島に……。

朴槿惠守護霊　「須佐之男」と称《しょう》する王様がなんか韓国に攻《せ》め込んできたあたりが、

どうも、いちばん最初……。まあ、（倭寇の）歴史に遺《のこ》ってる最初は、これでないかと思うんですよねえ。

だから、そのとき、さんざん悪さをしたんじゃないかと思うのよ。

綾織　悪さかどうかは分かりませんけれども。

朴槿恵守護霊　そのときに、なんかねえ、ちょっとねえ、何か、そのあたりに引っ掛《か》かるのよね。だから、私は何か被害《ひがい》を受けたんでないかと思うなあ。

綾織　ああ。そのとき、朝鮮半島

須佐之男命
日本神話に登場する神。天照大神の弟。非常に荒々しい性格の武人で、九州の各国や中国地方へ攻め上った。出雲の国に出征した際には、八岐大蛇《やまたのおろち》を退治し、その尾から得た天叢雲剣を天照大神に献じたとされている。

にいらっしゃったわけですね?

朴槿恵守護霊　うーん、なんか被害を受けたような気がする。
これだけ日本人の従軍慰安婦《じゅうぐんいあんふ》が気になったり、腹立ってしょうがないのから見たら、もしかしたら、私があんまりいい女だったから、須佐之男に犯《おか》されたんかなあ。

綾織　そのときは女性だったのですか。

朴槿恵守護霊　うーん、そのときは女性だったような気がする。須佐之男が、私を襲ったのかもしれない。
あまりに身分の高い、美しい、教養のある女性だったからね。日本にはこんな女性はいなかったから、もう、無理やり奪《うば》われたような気がするなあ。

綾織　その経験があって……。

朴槿恵守護霊　だから、「帰って、近親相姦《きんしんそうかん》しとれ」って言うのよ。ねえ?

綾織　そのあとも、日本が、攻めていったというか、実際に朝鮮半島へ行った時代はあるわけですけれども。
朴槿恵守護霊　そうなのよ。
綾織　同じような経験をされているんですか。
朴槿恵守護霊　なんかねえ、かなり荒らしてるんだよ、あのときはねえ。そうとう荒らしてるんだよ。
まあ、歴史が十分遺《のこ》ってないから、分からないんだろうけど、あれが〝元祖《がんそ》倭寇〟と見ていいんじゃないかなあ。
綾織　倭寇かどうか分かりませんけれども。
朴槿恵守護霊　それが「日本の神」と称して来たからねえ。あれにね、なんかやられたような気がしてしょうがないねえ。
綾織　はい、はい。
朴槿恵守護霊　たぶんそうだと思う。何となく深いところに残ってるから、日本神道《しんとう》への怒《いか》りみたいなのがね。

綾織　なるほど。

朴槿惠守護霊　「それを天照が送った」っていうんだったら許せないよねえ。うーん……。

〝小中華《しょうちゅうか》思想〟によって日本を家来《けらい》にしたい

綾織　そのあたりから始まって、それ以降も、同じような経験をされているのですか。

朴槿惠守護霊　まあ、何度かねえ。それは、中国とかに転生《てんしょう》したこともあったようだから、まあ、いろいろあるけどもねえ。

綾織　そうですね。実際には、日本よりも中国から攻められることのほうが多いわけですよね？

朴槿惠守護霊　まあ、それもあるけども……。

綾織　それ自体は、恨《うら》みには思わないんですか。

朴槿恵守護霊　うーん、大国だからねえ……。

綾織　大国だから？

朴槿恵守護霊　うーん、「中華思想《ちゅうかしそう》」だからねえ。私たちもねえ、中華思想をまねてんのよ。韓国は〝小中華思想〟なのよ。一種のね。それをやりたいのよ。やりたいけど、家来《けらい》がいないのよ。だから、「日本を家来にしてやろう」と思って頑張《がんば》ってるのよね。

綾織　なるほど。では、根底に、そういう日の丸とか、日本とか、日本の宗教とか……。

朴槿恵守護霊　だから、アジアの覇者《はしゃ》になるのは韓国なのよ。日本じゃないのよ。

綾織　それは、中国とくっついて行うのであれば、無理があると思いますけどね。

朴槿恵守護霊　うん？

気をつけないと「軍部のクーデター」が起きる可能性がある

綾織　前回（第1章）もおっしゃっていましたけれども、「中国・韓国の同盟」でやっていくなら、完全に韓国は呑《の》み込まれることになると思います。

朴槿惠守護霊　うーん。いやあ、それは分からない。巨大財閥《きょだいざいばつ》があるから、それは分からない。

中国が投資先になって、ガンガンと企業《きぎょう》を広げられるかもしれないし、お金を貯《た》め込んだら、それを取れるかもしれないから、それは分かんない。

綾織　さっきも出ましたが、マスコミのなかでも、「今の反日外交でいいのか」という意見はかなり出ています。

朴槿惠守護霊　まあ、それは意見としては出てるよ。まあ、産経ほどひどい新聞社はないけどね。今のところ、産経ほどはひどくないんだよ。

綾織　いやいや、「もう、やめたほうがいい」というのは、社説でもはっきり出ていますし、軍のなかでも、「これは、まずいのではないか」という意見が実際に出ていますよね？

朴槿恵守護霊　いや、軍はねえ、ちょっとあれなのよ。軍は、そういう自分たちの実利を考えてるのが多くてねえ。米軍や自衛隊と協力して防衛することを考えてるからさあ。

綾織　はい、はい。

朴槿恵守護霊　北朝鮮に対して、軍は軍でさ、中国との戦争になったときのことも、いちおう考えてはいるからさ。軍は軍で交流してやってるので、「完全に掌握《しょうあく》してる」とは言えないのよ。

だから、気をつけないと、軍部からのクーデターもないとは言えないので、あんまり軟弱《なんじゃく》に見せるわけにはいかんのよ。

7 韓国《かんこく》は中国に呑《の》み込《こ》まれるのか

「アベノミクス」対「クネノミクス」

綾織　今ですと、「日本が集団的自衛権を解釈変更《かいしゃくへんこう》し、行使可能なようにする。そして、朝鮮《ちょうせん》半島に有事があった場合、アメリカとともに韓国《かんこく》を守る」という議論をしているわけです。あなたがこれにずっと反対し続けると、軍のほうも、完全に、「もう、この大統領では駄目《だめ》だ」という話になってくる可能性がありますよね。

朴槿惠守護霊　うーん。だから、少なくとも、経済的に「金《かね》のバラマキ」を先行しなきゃ駄目なのよ。そのあと、軍も、ちょっと説得しなきゃいけないんだけど……。

綾織　そのバラマキは、もう成功しませんよ。

朴槿惠守護霊　金でよこしたらいいのよ、そんなの……。

綾織　いや、無理だと思います。

朴槿恵守護霊　村山《むらやま》、あれ、ちょっと、地下牢《ろう》に入れといたらよかったかなあ。なんかねえ、もう……。

綾織　まあ、そうしてくださっても結構ですが、無理でしょう。

朴槿恵守護霊　でも、また、日本人をとっ捕《つか》まえるから、韓国にいるのを。今度はもう、日本人を逃《に》がさんからねえ。今度来たら、もう、逃がさんから……。捕まえて、身代金《みのしろきん》、要求すっからね。

北朝鮮も韓国も変わらないんだから、人質《ひとじち》で取るからね、ちゃんと。ええ？「解放してほしかったら、金持ってこい」っていうの、もう、ほんとねえ。日本は、お金が余って、〝鼻血〟が出そうになってるのに。今、もう、ジャブジャブなのよ。

綾織　いや、それを……。

朴槿惠守護霊　「インチキ・アベノミクス」と「クネノミクス」が、今、戦ってるのよ。「アベノミクス」対「クネノミクス」で。

綾織　クネノミクスは、単に奪《うば》うだけですからね。経済でも何でもないでしょう。

朴槿惠守護霊　「日本の〝鼻血〟を抜《ぬ》いてやる」っていうのがクネノミクスなのよ。うーん。

綾織　それは、経済ではありませんね。

朴槿惠守護霊　経済よ。ちゃんと金取るから。

綾織　全然、経済政策ではありません。

朴槿惠守護霊　金取るのは経済よ？　何言ってんの。

綾織　いえいえ、取るだけですよね？　奪うだけですから。

朴槿惠守護霊　うーん。言葉一つで取れたら、いちばんいいじゃない。

クネノミクスで「北朝鮮《きたちょうせん》の植民地経営をする」

社林　軍に関して質問があるのですけれども、今、在日の方をはじめ、海外に住んでいる韓国人にも兵役《へいえき》を課すといった法案が年内に通るかもしれないというニュースが流れています。それは、海外にいる韓国の方にとって、とても大きな問題だと思うのですが、どのようにしていこうとお考えですか。

朴槿惠守護霊　「北朝鮮《きたちょうせん》軍は百万人ぐらいはいる」っていうことになっとるからね。だから、うーん……、飯《めし》を食ってるかどうかは分からんけども、百万人ぐらいの軍隊を持っとるなら、地上戦になった場合に負ける可能性があるから、やっぱり、ちょっと勢力を増しとかないと危ないわねえ、もう、今のままだと。

まあ、韓国のほうが、日本の自衛隊より三倍は強いと思うんだけどね。三倍ぐらい強いから、「自衛隊なんか、そんなもん、要《い》らん」と思ってるけど。

補給だけすりゃあいいのよ、日本の自衛隊は。食料と、石油と、あと、車両とか、そんなものをくれれば、それでいいのよ。

韓国軍で十分強いから戦えるけど、もう一段、しておかないと、数の上からだけでいくと、北朝鮮が倍ぐらいはいるかもしれないのでねえ。

もうちょっと徴用《ちょうよう》しなきゃいけないんだけど、これ、経済にマイナスが起きることがあるんで、まあ、ここは苦しいところだよね。

働き手を、あんまり軍隊に使うと、経済を生まないので、これ、侵略《しんりゃく》する以外に方法はなくなる。北朝鮮から取るものが何もないのよね、土地以外は。だから、あれを奴隷《どれい》階級にして働かせることを考えなきゃいけないと思うんで、「日本のまねをして、何とか、植民地経営みたいのができないかなあ」と、今、考えてはいるんだけどね。

クネノミクスで。うーん。

社林　奴隷にするんですか。

朴槿恵守護霊　いやいや、北朝鮮の人を低賃金労働者として使うわけよ。安い労働力で。

「南北協議」での交渉《こうしょう》を進める資金を日本から調達したい

呉　その北朝鮮政策ということに関し、今、離散《りさん》家族の問題で南北協議が始まったところですが、朴大統領は、以前から、「金正恩《キムジョンウン》と会う用意がある」とおっしゃっていました。

これは、やはり、「南北が統一に向けて話を進めていく」という流れなのでしょうか。

朴槿恵守護霊　いや、「会う」っていうことは、「金を出さなきゃいかん」っていうことを意味してるからねえ。だから、原資《げんし》が要るわけよ。お金を持ってなきゃいけない。交渉《こうしょう》材料は、やっぱり「お金」なのよ。「韓国が北朝鮮のために幾《いく》ら出せるか」っていう話が握《にぎ》れなきゃ、交渉にならないんで、会う予定がある以上、そのお金を引いてくる予定がなきゃいけないわけよ。

だから、早く日本を落とさなきゃいけないので、産経新聞の論説に、早く、韓国に金を支給するように書かしてよ、あんた。

綾織　まあ、産経は無理だと思いますけれども。

中国に韓国《かんこく》を取られても「よきに計《はか》らってくれる」

綾織　もし、「北朝鮮との統一」という、今後のことを考えたら、先ほどと同じ話になりますが、「日本といかに協力して、この朝鮮半島の安定を確保するか」ということが大事ですよね。

朴槿惠守護霊　いや、日本は要らない。日本、要らない。日本はお金と物資だけくれればいい。だから、人は来ないでいい……。

綾織　日本もそうだし、アメリカもそうですよね。

朴槿惠守護霊　うーん、うーん。

綾織　そこに中国がかかわってきたら、朝鮮半島は、もう全部、中国に呑《の》み込《こ》まれてしまいますよ。

朴槿惠守護霊　それは、歴史上、中国の一州、カリフォルニア州みたいな立場で長くいたから、別にどうってことはないわよ。

綾織　なるほど。

朴槿恵守護霊　うん。どうってことはないわよ。中国は、あんたがたと違《ちが》って心が大きいから、頭を下げれば、もう、よきに計《はか》らってくれる。だから、大丈夫《だいじょうぶ》なの。大丈夫。

綾織　〝よきに計らって〟、チベットやウイグルのような状態になっていくと？

朴槿恵守護霊　そういう時代もあったけど、今、世界一になったら、そういうわけにいかんでしょう。ええ？

綾織　いやいや、「そういう時代もあった」ではなくて、今、もう……。

朴槿恵守護霊　昔は貧しかったから、取りに行ったのよ。

綾織　ウイグルもチベットも、すでに弾圧《だんあつ》されていますよ。

朴槿恵守護霊　戦後、毛沢東《もうたくとう》の時代は貧しくて、もう本当に疲弊《ひへい》してたから、餓死《がし》者が出た。餓死者が二千万も出たような時代だから。

綾織　今ですよ。今の時点で、チベット人、ウイグル人も、虐殺《ぎゃくさつ》されていますよ。

朴槿恵守護霊　ほかの国と日本が満州《まんしゅう》を取りにきたように、（中国も）ほかの国を取って、取りに行って、豊かになろうとしたのよ。

綾織　それと同じことを、韓国《かんこく》の人たちにも、起こすということです。

朴槿恵守護霊　それは無理よ。先進国の韓国を、そういうふうにするのは無理ですよ。

綾織　いやいや、分かりませんよ。

中国に取られても韓国《かんこく》は繁栄《はんえい》する？

朴槿恵守護霊　韓国《かんこく》は、やっぱり、香港《ホンコン》や台湾《たいわん》みたいなもんなんだから、喉《のど》から手が

2010年４月５日、毛沢東の霊言を収録した。第２章に所収。
（幸福の科学出版）

出るほど欲《ほ》しいだろうけども、その繁栄《はんえい》を失わしたら、もう取る価値がないでしょう？　だから、「じゃあ、繁栄を維持《いじ》しながら」ということになるから、そういう後《おく》れた国とは一緒《いっしょ》にならない。

綾織　では、香港と同じようになると？

朴槿恵守護霊　うーん。香港や台湾を取るのとおんなじような感じだろうね、たぶんね。

綾織　香港も、今、言論の自由が失われつつありますし、そういう方向に韓国も行くわけですね？

朴槿恵守護霊　言論の自由なんて、中国にも韓国にも日本にもないのよ。そんなものはないのよ……。

綾織　韓国にはないと思いますけどね。

朴槿恵守護霊　うん、ないよ。とっくにないよ。

綾織　はい。

朴槿恵守護霊　だから、日本にもないよ。もう、とっくにないん……。

綾織　韓国と比べれば、日本にはまだあると思います。

朴槿恵守護霊　うーん。だって、あんた、朝日新聞の論説の、何かいちばん偉《えら》い人（若宮啓文《わかみやよしぶみ》前主筆を指す。71ページ参照）が韓国に亡命《ぼうめい》してきてるんだから、もう、言論の自由はないの、これ……。

綾織　亡命ではないですけどね。

朴槿恵守護霊　ええ？　あんたがたに一発攻撃《こうげき》されたら、亡命してきてるじゃないの。これはもう駄目だよ。

綾織　気持ちはそうかもしれません。

朴槿恵守護霊　亡命よ、あれは。ねえ？　日本の大学教授に雇《やと》ってくれないんじゃあ、しょうがない、引き受けるしかないわ……。ねえ？
〝韓国高天原《かんこくたかまがはら》の頂点、天照大神《あまてらすおおみかみ》〟を自称《じしょう》

綾織　地上においても、そういうマスコミですとか、政府の内部でも、「今の路線でいいのかどうか」という議論はかなり起きているわけですけれども……。

朴槿恵守護霊　うーん。

綾織　天上界《てんじょうかい》において、韓国《かんこく》、朝鮮半島にも霊界《れいかい》はあると思うのですけれども、その……。

朴槿恵守護霊　バカにしたね。

綾織　そのなかで、しっかり長い歴史がありますので、韓国霊界、朝鮮霊界があると思うのですが、このなかで、あなたは、どういう位置づけなのですか。

朴槿恵守護霊　まあ、だから、私ぐらいが「神」なわけよ。

綾織　神なのですか。

朴槿恵守護霊　うん、韓国の。で？

綾織　いや、みんな……、その意見に従っているのですか。

朴槿恵守護霊　うん。このあたりが、〝韓国高天原《たかまがはら》〟の頂点だからね。

綾織　ほう。

朴槿恵守護霊　言えば、〝韓国の天照大神《あまてらすおおみかみ》〟は私なの。うん。韓国のね。

綾織　天照大神が嫌《きら》いなんですよね？

朴槿恵守護霊　まあ、いいや。高天原の、八百万《やおよろず》の神々の頂点が私なわけよ。

綾織　うーん。では、今、あなたがおっしゃっている内容は、韓国の神々の総意なのですか。

朴槿恵守護霊　そらあ、もちろんですよ。私の言うことをきかないで、韓国に住めるわけがないでしょう? うん。

世宗《セジョン》大王や李舜臣《イスンシン》将軍を「家来《けらい》」呼ばわり

社林　李氏朝鮮の王宮だった景《キョン》福宮《ボックン》の前には、ハングルをつくった世宗《セジョン》大王や、朝鮮出兵のときに勇姿をお見せになった李舜臣《イスンシン》将軍の銅像がありますが……。

朴槿恵守護霊　まあ、家来《けらい》ね。あんなものは家来です。

社林　あ、家来ですか。

朴槿恵守護霊　うーん。家来です。

社林　今、そちらの世界での交

世宗（1397 ～ 1450）
李氏朝鮮の第４代国王。内外政に治績をあげて李朝の基盤を固め、儒教の理想とする王道政治を展開したことで、後年「海東の堯舜」とたたえられる。また、ハングル（訓民正音）の制定を行ったことで知られ、朝鮮では、李朝一の名君という意味で世宗大王とも言われる。

李舜臣（1545 ～ 1598）
李氏朝鮮時代の武将。文禄・慶長の役で日本軍と戦闘した。当時、朝鮮半島南岸に築城した小西行長は明・朝鮮軍の攻撃を退けていたが、豊臣秀吉の死去に伴い、明軍と和議を締結。しかし、李舜臣は和議を反故にして小西の撤退を妨害。日本から援軍に来た島津軍に討ち取られた。

流はございますか。

朴槿惠守護霊　まあ、下のほうにいるから。それは、使えるよ。そらあ、うーん。家来です。

サムスンとヒュンダイで「中国の韓国《かんこく》化」は可能か

綾織　あなたの方針で行くと、韓国《かんこく》そのものが中国に呑み込まれますし、その霊界もなくなっていく方向ですよね?

朴槿惠守護霊　「呑み込まれる」と思うところが間違いなのよ。「中国の韓国化」が進むわけなのよ。

綾織　おお。そのつもりがあるんですか。

朴槿惠守護霊　うん、そらそうよ。サムスンとヒュンダイが中国を基盤《きばん》にして、あの大人口を押《お》さえ込むのよ、全部。中国の工場なんて、みんな後れたもんだから、日本を、日帝《にってい》のやつを、全部追い払《はら》うからさ。韓国企業《きぎょう》がザーッと全部押さえるわ。ねえ?

国民を黙《だま》らせている中国は「いい政治」

綾織　経済的にはそうできるとしても、それでは、政治体制としてはどうするのですか。ああいう中国を変えていくようなつもりはあるのでしょうか。

朴槿恵守護霊　中国のどこを変える必要があるの？

綾織　ああ……（笑）。

朴槿恵守護霊　どこを変える……？　いい政治してるじゃないの。ええ。

綾織　共産党は？

朴槿恵守護霊　国民を黙《だま》らせて、よう統制してるじゃない？　あれは、いいんだよ。

綾織　なるほど。

朴槿恵守護霊　あれでいいんだよ。もう、言論の自由なんか、与《あた》える必要、全然ないよ。だから、黙らしといたらいいのよ、うーん。問題ない。

綾織　韓国国民も黙らせると？

朴槿惠守護霊　そらあそうよ。当ったり前じゃないの。貴族制よ、基本は。だから、かたち上は民主主義に見せなきゃいけないだけ。

綾織　うーん。

8 貴族社会と賄賂《わいろ》は「当たり前」

秀吉《ひでよし》やオバマのような「這《は》い上がり者」は認めない！

呉　その貴族制の部分が、韓国《かんこく》も少し思想転換《てんかん》していかなければいけない点かと思うのです。

例えば、日本から秀吉《ひでよし》が出兵していったときにも、朝鮮王朝《ちょうせん》は、国民の安全をないがしろにして、自分たちの安全のために朝鮮半島を逃《に》げ回るとか、そういうふうに、韓国では、お上《かみ》ばかりがずっといい暮らしをしている階級社会であり、民衆は蔑《さげす》まれてきた歴史があると思います。そういうところを意識転換していく必要性はお感じにならないのでしょうか。

朴槿惠守護霊　秀吉みたいな、何？　いちばん下から天下人《てんかびと》になるみたいな、ああいうのは、韓国では望ましくないことなのでね。ああいう這《は》い上がり者は駄目《だめ》ね。なんか、今のアメリカンドリームのあれみたいな感じじゃないの？　あのオバマ大統領みたいなもんだよ。あの移民の子の、「父親が怪《あや》しいイスラム教徒かも分からん」っていう憾《うら》みね。ケニアからの留学生で、ダブル結婚《けっこん》かも分からない父親のねえ？

ああいう不義の子が大統領になっているみたいな、怪しげなもんじゃないの、秀吉なんて。あんなものを認めないのよ、韓国は。ちゃーんとした身分制が……。

綾織　それは、言ってみれば、民主主義だと思うのですが、いわゆる民主主義の原理を認めないと？

朴槿惠守護霊　やっぱり、文化の厚《あつ》みがないとねえ。教養がなきゃ、人間、駄目なのよ。そういう下世話《げせわ》な人間は、下世話に生きていかないと駄目なのよ。うん。

「中国による世界支配」を妨《さまた》げる日本へのうとましさ

綾織　あなたご自身の、そういう貴族意識は、どこから来ているのですか。

朴槿恵守護霊　大統領の娘《むすめ》だから、しょうがないでしょ？

綾織　まあ、「大統領の娘」というのはそのとおりですけれども、あなたは守護霊様でいらっしゃいますよね？

朴槿恵守護霊　うーん。

綾織　あなたにも、ものすごく強くありますよね。おそらくは、過去のあなたご自身が金《きん》の皇帝《こうてい》の娘で、チンギス・ハンの第四后妃《こうひ》・グンジュでいらっしゃるからでしょうか。やはり、そこから来ているのですか、「もう、民衆はどうでもいい」というのは？

朴槿恵守護霊　うーん……。

綾織　「民主主義の原理など、もう、どうでもいい。そういう人たちを支配できればいい。言論の自由もない。何も言わせない」と？

朴槿恵守護霊　なんかねえ、うーん。とにかく、日本っていうのはうっとうしいのよ、この国ねえ。これがなかったら、どれほどスッキリするか分からないね。早く〝沈《ちん》没《ぼっ》〟しないかな、ほんっとに、もう。

もう、これさえなければ、どんなにスッキリしたか分からないのにねえ。もう……。中国（元《げん》）が世界支配したときにさえ、日本だけは攻略《こうりゃく》できなかったなんて、悔《くや》しいじゃないの。

綾織　ああ、なるほど。

朴槿惠守護霊　ねえ？　あんときにね。ヨーロッパまで攻め取《せ》ったんだからねえ。あのとき、なんで日本に負けなきゃいけないのよ。そのおかげで、（元寇《げんこう》を）高麗《こうらい》のせいにされて困ってんだからねえ。ほんっとに、もう！

だから、何とかしてね、うちも〝世界帝国〟をつくりたいのよ、どっかでねえ、ほんとに。

綾織　うーん。

朴槿惠守護霊　あとは、日本人を、もっともっと下級階層に使ってみたいですねえ。うーん、やってみたいなあ。もっと豊かな国にして、朝貢《ちょうこう》させてやりたい……。

「大統領の娘《むすめ》が大統領になる」のは当たり前という論理

呉　今日の話のなかで、「小中華《ちゅうか》思想」というものがいろいろと出てきているわけですけれども、何となく、国際関係についても、「中国が上で日本は下だ」というふうに序列をつけたがりますし、韓国人の意識としても、昔から、両班《ヤンバン》が威張《いば》ってきた歴史もあり、どうも、序列をつけないと気が済まないようなところが……。

朴槿惠守護霊　そら、そうじゃないの？　人生、そうじゃない？　そうよ。

呉　ただ、それでは、やはり、国と国との健全な関係を築いていくのは難しいと思うのですが。

朴槿惠守護霊　あんまり変化が激しかったら、落ち着かないじゃない？　安定した国が大事なんですから。支配者にとっては、特に……。

あんたね、大統領になったらよく分かるわよ。クーデターなんか起こされたら、たまらないんだから。そんなね、どっから権力者が出てくるか分からないような世の中っていうのは、あんまりよくないの。
大統領の娘《むすめ》が大統領になる。これで文句《もんく》はない。そこを手出ししちゃいけないのよ。
だから、庶民《しょみん》は黙《だま》ってたらいいのよ。ああ、そのへんが分からないのねえ、やっぱり。

アジアの「賄賂《わいろ》文化」は欧米《おうべい》のチップがわり？

呉　そういう階級社会のなかで、やはり、昔から、「賄賂《わいろ》文化」といわれるような腐《ふ》敗《はい》が……。

朴槿恵守護霊　あんたねえ、ちょっと、そういうことを言っちゃいけない立場にあるんじゃないの？　なんか、そういうね、内部告発みたいな感じに聞こえるよ。

呉　いや、内部告発というか、韓国の新聞にも、すごい話がたくさん出ていますので。

朴槿恵守護霊　そら、韓国だけでなくて、そんなの、インドネシアだって、どこだって、賄賂を取ってますよ。アジアの国はどこだって……。

呉　しかし、それは、発展途上《とじょう》国から先進国に上がっていく過程で、やはり、克服《こくふく》しないといけないのではないでしょうか。

朴槿惠守護霊　（机を叩《たた》きながら）賄賂を取らないの、法治《ほうち》国家でしょ？　法治国家は、そういうのを取っちゃいけないようになってるけど、韓国や中国は法治国家のふりをしてても、法治国家じゃないんだから。そんなもん、全部賄賂よ。

呉　「法治国家ではない」という……。

朴槿惠守護霊　アジアの国はほとんど法治国家じゃなくて、みんなもう、金《かね》よ。みんな金で、〝袖《そで》の下〟。役人なんか自由に動いてるのよ。自分の給料をチップで増やしてるねん。チップ文化よ、これは。アジアのチップ文化が賄賂なのよ。

欧米《おうべい》では、チップはちゃんと正当にもらえるからいいんだけど、アジアには正当なあれがないから、そのかわり、チップとして〝袖の下〟をもらってるのよ、賄賂としてね。

だから、日本はおかしいのよ、ここだけ。なんで、一生懸命《いっしょうけんめい》サービスしてるのに、タダ働きなわけ？　これ、おかしいよ。これ、搾取《さくしゅ》されてるのよ。日本自体が〝ブラック企業《きぎょう》〟なのよ、国自体が。ほんと、そうなのよ。平民がねえ、苦しめられてるのよ。これ、悪い国なんです。

綾織　それは、「日本の美徳」だと思います。

「韓国《かんこく》に自分以上の人材はいない」と強がる朴槿恵守護霊

綾織　今日お話しされた内容は、韓国《かんこく》の国民にも伝わるわけですけれども……。

朴槿恵守護霊　読む人がいないから大丈夫《だいじょうぶ》。読む人いないから。

綾織　読む人もいると思います。

朴槿恵守護霊　まあ、せいぜい四、五百冊ぐらいでしょ？　売れても。

綾織　いえいえ、そんなことはないと思います。そんなことはありません。

朴槿恵守護霊　そんなもんだよ。あんたらの力、そんなもんなの。大丈夫よ。

綾織　今のあなたの考えだと、「韓国国民など、もう、どうでもいいわ。日本からお金をもらえたら、それを配ってやる」という感じなので、このままでは、韓国国民から、やはり、「ノー」を突《つ》きつけられてしまうと思うのですね。だから、もうちょっと……（笑）。

朴槿恵守護霊　それでもね、韓国には、私以上の人材がいないから。

綾織　はい、はい。

「中国との共同戦線で日本の領土を取っていく」

社林　ただ、二〇一二年の大統領選挙のときに立候補し、途中《とちゅう》で辞退した、安哲秀《アンチョルス》さんという方が、今、政治活動をされていまして、今日（二月十七日）、「新政治連合」という、ご自身が結成された新党の名前を発表されました。

朴槿恵守護霊　うん、うん。

社林　この方の素性《すじょう》については、現地のほうでも、まだ正確には分からないのですが、新しい動きは出てきていると思います。

この方は、今、国民からも、次期大統領選挙の有力候補として見られていると思うのですが、こうした方との距離《きょり》の取り方などは、今後、どのようなかたちでしていこうと思われますか。

朴槿惠守護霊　まあ、可能性は全然ない。全然ないので。私が（大統領を）やってる間に、安倍《あべ》が必ず暴走するから。

もう、年内にも暴走を開始して、中国と「尖閣《せんかく》」で争い、戦争の走りみたいなことを絶対にやるし、それから、当然、「竹島《たけしま》」あたりにもちょっかいを出してくるから、韓国民は激昂《げっこう》する。そしたら、私の支持率は、バーンと九十パーセントぐらいまで跳《は》ね上がるから、もう、「竹島」と「尖閣」で大丈夫なの。

今、これで、中国と共同戦線を張ろうとして、話をつけてるんだから、もう、そんな、あとのライバルが出てくるっていうのは全然ないの。

とにかくねえ、次の冬季オリンピックまでに予算をつくっとかなきゃいけないから、早く、何とか安倍を失脚《しっきゃく》させて、身代金《みのしろきん》代わりに、ちょっともらわないといけないのよ。

もう、お金の話ばっかりして申し訳ないけども、しょうがないのよねえ（膝《ひざ》を叩く）。韓国は金《キム》さんっていう人が多いから、金《きん》、金、金、〝金《かね》〟なのよ、本当にねえ。

綾織　ただ、反応は逆になると思いますよ。

もし、中国と日本との間で、そういう何かが起こったとき、韓国軍では、「やばい。このまま中国についていてはいけないんだ」という話になるので、大統領一人が、違《ちが》う方向を向いていることになりますね。

朴槿惠守護霊　そんなことない。何言ってるの。中国について、日本から尖閣を取れたら、次は対馬《つしま》を取りに行きますから。当ったり前でしょ？　それで、当然、沖縄《おきなわ》も取るでしょ？

綾織　いや、そんなことはしません。

朴槿惠守護霊　いや、そりゃそうや。

綾織　そう考えているのはあなただけです。

朴槿恵守護霊　中国は、尖閣を取ったら、次には沖縄を取りますけども、韓国は対馬を取りに行きますから。それは共同戦線ですよ。どんどん取っていきますから。

綾織　それは、ほとんどあなたの妄想《もうそう》です。

潘基文《パンギムン》・国連事務総長をどう思うか

綾織　先ほど、次の大統領についての話が出ましたが、国連事務総長の潘基文《パンギムン》さんについては、どう思われていますか。

朴槿恵守護霊　あれも〝両班《ヤンバン》〟だからね。そういう身分制社会に生きた人間だから、とにかく上へ上へ向かっとる。まあ、世界を動かしてるつもりでおるんじゃないかねえ。そんなつもりではおるんだろうけども、まあ、年も取っとるから、そんなには無理なんじゃないですかねえ。

『潘基文国連事務総長の守護霊インタビュー』（幸福の科学出版）

綾織　潘基文国連事務総長の守護霊さんは、「次の韓国の大統領になりたい」というようなことをおっしゃっていました（『潘基文国連事務総長の守護霊インタビュー』〔幸福の科学出版刊〕参照）。

朴槿恵守護霊　そのくらいの野心は持ってもええけどもね。外務大臣もした人間だし、韓国人としては、よう出世したほうではあるけども、今、国連では、もう一丁、評判が悪いからさあ。

なんか、好き嫌《きら》いが激しいんだってさ、私と違って。私は、寛容《かんよう》で寛大な心を持って、帝王学を持ってるけど、彼には帝王学がなくて、好き嫌いがすごく激しいんだって。

綾織　お二人は、かなりそっくりですよね？

朴槿恵守護霊　あれ、そうお？　そんなことはない。全然違うよ。

綾織　似ていると思います。

朴槿惠守護霊　全然違うと思うなあ。

綾織　似ていると思います。

朴槿惠守護霊　うーん。まあ、そうは言っても、やっぱり、彼なんかは貧乏《びんぼう》だったから、ちょっとね。貧乏から這い上がってきてるからねえ。勉強だけで外交官になって上がってきてる人間だから、ちょっと一緒《いっしょ》じゃないのよ。

元台湾《たいわん》総統・李登輝《りとうき》氏と朴槿惠大統領の違《ちが》いとは

綾織　今まで、過去二回、朴槿惠大統領の守護霊霊言《れいげん》がありましたが（前掲《ぜんけい》『安重根《あんじゅうこん》は韓国の英雄《えいゆう》か、それとも悪魔《あくま》か』および本書第1章参照）、今回も収録させていただき、いろいろとお伺《うかが》いしまして、「個性は一貫《いっかん》している」ということを確認できました。

朴槿惠守護霊　それはそうでしょうよ。

綾織　はい、そうですね。

朴槿恵守護霊　それはそうでしょ。だから、ほかの元首が偉《えら》く見えるんだったら、あんたがたは狂《くる》ってるのよ。言葉を遠慮《えんりょ》して言えないやつとか、そういうやつが偉く見えるんならおかしいのよ。

綾織　偉く見えるというわけではなくて、「常識的な判断をしている」ということです。

朴槿恵守護霊　あのねえ、李登輝《りとうき》なんかねえ、あんなのは、おべっか使いなのよ！　もう、世紀のおべっか使い。

あのねえ、やってることは一緒なの。「日本のご機嫌《きげん》を取っとりゃ金が出てくる」「台湾《たいわん》に有利なことが起きる」と思ってやってるのよ。

綾織　いやいや、日本とか、そういうことではなくて、「何が正しいか」ということを判断されていましたよ（前掲『日本よ、国家たれ！　元台湾総統　李登輝守護霊　魂《たましい》のメッセージ』参照）。

朴槿恵守護霊　え？　いや、「北風政策」か「太陽政策」か、それだけの違《ちが》いなんだろうけどもねえ。私は、日本に対しても見識があるから、「悪いところは悪い」と、ピシッと指摘《してき》してるわけよ。

だけど、あれは、もうほめて、ほめて、ほめてして、利益を引き出そうとしてるのよ。

日本国民を蔑《さげす》む言葉を連ねる朴槿惠氏の守護霊

綾織　日本について批判するのも結構ですが、韓国の国民についてもバカにしていますよね？　疑問に思うのは、その部分ですよ。

朴槿惠守護霊　それは、韓国の国民は、日本の国民より、ずーっと上ですよ。だいたい〝偏差値《へんさち》二十は上〟ですよ。

もう、教育レベルから言っても、見識から言っても、何から言っても上ですよ。英語をやったって上だし、何やったって上ですよ。レベルが全然違う。

あんたねえ、日本人でサムスンに就職できる人が何人いると思ってんのよ。あんたなんか、一発で書類審査《しんさ》で落ちちゃうのよ。分かってる？　あんたねえ、「英語の勉強」と、あとは「整形手術」と、条件が二つ要《い》るんだからね（机を叩く）。

綾織　なるほど。大変ですね。

朴槿恵守護霊　入るにはねえ、そのままでは無理なんだから。ええ？

綾織　受験競争もそうですが、韓国の方々は、本当に大変だと思います。

朴槿恵守護霊　そうなのよ。だからねえ、もう、英語なんかできて当たり前のレベルなんですからね。大統領になるには、五カ国語ぐらいしゃべれなきゃ駄目。日本の安倍さんなんか、何よ。あんなのは、書いてある英語が読めるだけじゃない。ね？　ウッハッハッハッハッハ。

綾織　本日は、朴槿恵大統領の本心を、あらためて確認できました。

朴槿恵守護霊　素晴らしいでしょ？　これが〝韓国の女王〟なのよ。

綾織　まあ、ご本人にとっては素晴らしい内容だと思います。

朴槿恵守護霊　頂点なのよ！

綾織　ある意味、頂点ですね。

朴槿惠守護霊　いや、ある意味でね、あなたがたが土下座《どげざ》外交すれば、その偉さが分かる。

今ね、自分らが偉いと思うような、そういう妄想にかかってるのよ。魔法にかけられてるの。（質問者に両手をかざしながら）こういう魔法に。

本当は、アメリカが徹底的《てってい》に天皇制を破壊《はかい》しとけばねえ、こんなにはならなかったのよ。中途半端《ちゅうとはんぱ》にしたからこうなったの。

世界を支配するのは「韓国人《かんこく》」と「上位一割のエリート中国人」

社林　最後に、今の韓国《かんこく》の若者や、国民の方たちに、その母のようなお気持ちで、大統領の任務を果たされているお立場からメッセージがありましたら、お願いできますでしょうか。

朴槿惠守護霊　韓国人であるということが、「地球人のなかのエリート」なのよ。そういう時代はもうすぐ来る。それと、「中国の一割ぐらいの上位エリート」が対等になるから。もうすぐで、「韓国人すべて」と、「中国の上位一割のエリート」が、世界の支配層になる。

まあ、インドがちょっと追いついてくるかもしれないけども、日本なんて、もうすぐ没落《ぼつらく》していきますから。

アベノミクスって言っても、みんなが、崖《がけ》の底にダーッと、豚《ぶた》の群れみたいになって落ちていくから。アベノミクスの正体は、もうすぐばれる。生き残るのは〝クネノミクス〟だから。

もうすぐ崩《くず》れますからね。ああいうね、ご機嫌《きげん》取りなやつは、もうもたないから。あっちも強気で見せて、強い国を演出しようとしてるけど、実際、私のように強い女性じゃないからね、彼は。もう、はったりよ。ただのはったりなのよ。だから、日本のマスコミにいじめられて、一生懸命責められてるんだよね。

まあ、ちょっと幸福の科学に後ろ押《お》しされてるんだろうけども、そのうち飽《あ》きられたら、それで終わりだわ。「あ、中身ないな」と思われて見捨てられたら、そこでもう野垂《のた》れ死によ。あとはもうないから。また麻生《あそう》さんが出て、三カ月ぐらいで退陣《たいじん》するから、一緒よ。

綾織　「中身がなく、見捨てられるのはどなたのことか」ということに関しては、今後、韓国のみなさんも、良識ある判断をされると思います。

朴槿恵守護霊　また民主党政権になって、もうすぐ、みんなが中国に朝貢に行くから。地方自治が進んで、首都が沖縄に移る可能性もあるね。沖縄の知事は、なかなか〝偉い〟みたいだからねえ。首相の言うこともきかんというから。

あれは、もしかしたら、「独立するぞ」と脅《おど》して、首都があっちに移るんじゃないの？

敗戦国の日本には「繁栄《はんえい》などあってはいけない」

綾織　朴大統領になられてから、韓国の外交がガラッと変わった秘密というのがよく分かりました。

朴槿恵守護霊　韓国のエリートは絶対に頭を下げないってことは分かった？　分かれ

ばいいのよ。

綾織　分かりました。

朴槿惠守護霊　これがプライドなのよ。貴族なのよ。生まれつきの貴族っていうのは、こういうもんなのよ。あなたがたに、生まれつきの貴族はほとんどいないのよ。まあ、残念だね、平民の社会は。気の毒だよねえ。

綾織　それはそれで、素晴らしいことだと思います。

朴槿惠守護霊　だから、一代でできるもんじゃないのよ。そういう貴族文化っていうのは長いものなの。ねえ？

まあ、日本は敗戦国で、無条件降伏《こうふく》したんだから、野良犬《のら》のように生きていかなきゃいけないのよ。だから、繁栄《はんえい》なんてあっちゃいけないんで、その繁栄した部分は、全部ガッサリと持っていかなきゃいけない。

日本でもやってると思うけど、累進《るいしん》課税で、年収一千万円以上の層の金はぜーんぶ巻き上げて、持っていくべきところに持っていかなきゃいけないのよ。待ってるから。

そしたら、北朝鮮とは、平和的に和解を進めますから。そのための資金に使われるんだったら、戦後、営々と働いてきた人たちにとってはありがたいことですよ。「わあ、北朝鮮と韓国が一体になるために、私たちの稼《かせ》いできたお金が使われるのか」と思ったら、うれしいでしょう？

綾織　その考え方には賛同しませんが、私どもとしては、朝鮮半島のためにできることを考え、取り組んでいきたいと思います。ですから、朴大統領の考えとは違うと思います。

社林　そうですね。

「死ぬまで韓国《かんこく》を牛耳《ぎゅうじ》っていきたい！」という野望

朴槿恵守護霊　（社林に）あんた、何、支部で困ってんの？　引き揚《あ》げたらいいだけだ。

社林　いえ。

朴槿恵守護霊　畳《たた》んだらいいのよ、支部なんて。韓国《かんこく》支部なんか要らないのよ。そんなの。

社林　いえ、お話を伺いまして、エル・カンターレの霊的人生観が立てば、今までおっしゃっていた論理は崩れていくと思いますので、伝道を推《お》し進めていきたいと、あらためて思いました。

朴槿恵守護霊　ペ・ヨンジュンと会えた？

社林　（苦笑）

朴槿恵守護霊　え？　ペ・ヨンジュンの彼女になれた？　え？　なれた？　憧《あこが》れて行ったんじゃないの？　うん？

社林　伝道のほうを推し進めていきたいと思っております。

朴槿恵守護霊　韓国じゃ、ああいうタイプは駄目なのよ。ああいう草食系は、韓国では人気ないの。あんたがたが誤解してるだけなの、あれ。

日本人に人気があるだけで、韓国では、ああいうのじゃなくて、強いのでなきゃ駄目なのよ。唐辛子《とうがらし》が利《き》いたような男でないと、もてないのよ。ああいうのにキャーキャー言ってたのは、あんたがた日本の女性ばっかりよ。まあ、彼も落ち目だから、もう駄目かもしらんけれどもねえ。

綾織　はい。今後は、ぜひ、大統領として、正しい判断をしていただくことを願います。

朴槿惠守護霊　まあ、私も還暦《かんれき》を過ぎて、今、ますます迫力《はくりょく》を増してるからね。これから死ぬまで、韓国を牛耳《ぎゅうじ》っていきたい！　プーチンが手本を見せてくれてるから、ああいうふうに、いつまででもやりたいなあと思ってますよ。

安倍さんがいなくなっても、きっと私は大統領をやってるから。私の勝ちですよ。

綾織　まあ、周囲の状況《じょうきょう》や、世論《よろん》などを見て、正しく判断されることを願います。

「日本を徹底的《てってい》に反省させること」に人生を懸《か》けている

朴槿惠守護霊　ああ、本当、「今日はなかなか上品にしゃべれたなあ」と思って、自分でも満足いくわ。

綾織　はい。

朴槿恵守護霊　この前は、ちょっと相手がやくざだったから、少し腹が立ったけど、今日は穏和《おんわ》に話ができたと思ってる。

綾織　ですが、内容はほとんど変わらないと思います。

朴槿恵守護霊　そうっすかねえ！

綾織　（笑）はい。まったく変わらないと思います。

朴槿恵守護霊　まあ、翻訳《ほんやく》で偽造《ぎぞう》しないようにね。

綾織　そうですね。

朴槿恵守護霊　それは偽造しないように、しっかりと。

綾織　はい。それは、もう心して、正直に、韓国のみなさんにもお伝えしないといけないと思います。

朴槿惠守護霊　まあ、韓国では、あんまり、読む人も見る人も、ほとんどいないだろうけどね。

綾織　いいえ。そんなことはありません。みなさん、関心が高いので。

朴槿惠守護霊　みんな、良心に照らして、「こんなものを見たら、警察に引っ張られる」と思って逃げるから、絶対、読みも見もしないと思うけど。

もうすぐ、棄教《ききょう》しなければ、まあ、（幸福の科学の）教えを捨てなかったら、韓国人籍《せき》を剝奪《はくだつ》される時代が来るからさ。きっと、韓国で広がらないよ。

綾織　そういう気持ちを持たれていることは分かりました。

朴槿惠守護霊　うん、うん。

綾織　はい。本日は、もう三度目ではありましたが、霊言のご収録を頂きました。ありがとうございます。

朴槿惠守護霊　やっぱり、信念の政治家だってことが分かったでしょ？

綾織　よく分かりました。

朴槿惠守護霊　ね？

綾織「まったく変わらない」ということがよく分かりました。

朴槿惠守護霊　日本を徹底《てってい》的に反省させる。

綾織　はい、そうですね。

朴槿惠守護霊　それに人生を懸《か》けてるんだよ。

綾織　はい。懸けていますね。よく分かりました。

朴槿惠守護霊　韓国の神としてね。

綾織　神かどうかは、少し分かりませんけれども。

朴槿恵守護霊　うん、うん。

綾織　ありがとうございました。

9　二度の「朴槿恵守護霊霊言《れいげん》」を終えて

あぶり出された韓国《かんこく》・朴槿恵大統領の問題点

大川隆法　はい、はい（手を三回叩《たた》く）。

やはり変わらないようですね（笑）。

ということは、こちらのほうには落ち度はなさそうです。どうやら、こういう人のようです。

綾織　前回とまったく同じでした。

大川隆法　今、「告げ口外交」などと言われているように、世界各国で日本の悪口を言って回っていますが、やっていることと合わせてみたら、やはり「こういう人だ」ということでしょう。

綾織　止まらない理由が分かりました。

大川隆法　出所《でどころ》はここです。どうしてかは分からないものの、日本大使館の前に従軍《じゅうぐん》慰安婦《いあんふ》の少女の像を建てたあたりから、感覚的には狂《くる》っているのではないでしょうか。国としての付き合いをする以上、ああいうことはできないはずです。「逆をやったら、どうなんだい?」ということですよ。反対のことをされたら許さないでしょう。

彼らは日章旗《にっしょうき》を焼いていますが、日本で韓国《かんこく》の旗を焼き、それを報道で流したら、韓国の人は激昂《げっこう》するでしょう。

やはり、このへんには、まだ問題があるのではないでしょうか。

ある意味で、歴史上、いろいろな国に押《お》されて、その間を上手に生き延びることは大変だっただろうとは思います。

さらには、民族が南北に分かれた悲劇も関係しており、あの北朝鮮《きたちょうせん》の惨《みじ》めさについては、北朝鮮だけのこととは思っていないでしょう。本来、地続きだからです。日本が統治していた時代には一緒《いっしょ》だったものが、戦後になって分かれてしまったので、何とか自力で、もう少しよくしたいと思っているはずです。

残念ではありますが、「歴史認識」について一生懸命《いっしょうけんめい》に言っているので、その「歴史認識」に絡《から》んで、何らかの力が働いてきた場合、世界的に知られることもあるでしょう。ただ、今は同情されているかもしれませんが、本当に本人が言うような発展をして強国になったら、やはり言えない部分はあるだろうと思います。

この前のように、「恨《うら》みは千年忘れない」などと言うようだと、日本でいえば、「元《げん》寇《こう》のときの恨みが忘れられない。八百年前の恨みをまだ忘れてはいない」ということになりますので、ほどほどにしないといけません。

例えば、中国では日系企業《きぎょう》等を焼き討《う》ちされたし、中国でも韓国でも、安倍《あべ》さんの写真や日章旗など、いろいろ焼かれたりしているわけです。ただ、それを怒《おこ》らない日本のほうが、やはり大国なのであろうと私は思います。向こうからは、そうした態度に対して、「頭が悪い」と見えているのかもしれませんが、むしろ、「感情のコントロールができているのだ」と思うのです。

いずれにせよ、大統領が代わったぐらいで、あまり、韓国の会員・信者のみなさまがたが変わらないようになっていただきたいものだと思います。

評論家の呉善花《オソンファ》さんなどは、韓国に結婚式《けっこんしき》や葬式《そうしき》があって帰っても、大統領が代わるたびに、入国できたりできなかったりするらしいですが、要するに、法治国家《ほうちこっか》でなく、人治国家《じんちこっか》だということでしょう。人によってコロコロ変わるので、やや感情で動いているように見えます。

韓国《かんこく》・中国は「詐欺《さぎ》」に近いやり口を反省すべき

大川隆法　しかし、相変わらず、村山《むらやま》さん（元総理）のように卑屈《ひくつ》な人もいるので、向こうが誤解する原因も日本のなかにはあるわけです。やはり、そういう部分を直していかないといけないでしょう。

とにかく私は、今の大多数の人が生きてはいなかった七十年以上前のことを現代に持ってきて、それを交渉《こうしょう》材料にするのは、あまり好きではありません。要するに、自分も生まれていなかった時代の話を、事実であるかのように言って、やっているわけです。

例えば、日本には、「振《ふ》り込《こ》め詐欺《さぎ》」や「オレオレ詐欺」などと呼ばれる犯罪があります。「あなたの孫が交通事故を起こしたけど、裁判にせず、示談《じだん》金で済ませてやるから、何百万円振り込め」とか、「孫が万引きしたから、おじいさんであるあなたが金を振り込め」とか言われて、お金を振り込んでしまい、けっこうな被害《ひがい》額が出ているわけですが、何かそのようなものを思い出してしまう面があるのです。まるで、誰《だれ》も知らず、どこかではあったかもしれないというような部分を脅《おど》しているように見えてしかたがありません。

そういう意味で、中国にしても、もし、世界一の大国を目指すのであれば、もうほどほどにしなくてはいけないでしょう。

「南京大虐殺《ナンキンだいぎゃくさつ》」について、アメリカを仲間に引きずり込んで、やろうとしているけれども、南京事件のあと、人口が増えているわけですから、どうしようもありません。皆殺《みなごろ》しにして人口が増えるなど、ありえないことです。

少なくとも、天安門《てんあんもん》事件（一九八九年）での死者の数がまだ分からないぐらいであって、この最近のことも分からないのに、そんな昔のことについて三十万人が殺されたと分かるというのは、私は不思議でならないのです。

それから、高速鉄道が事故を起こして高架《こうか》下に落ちた際、それを助けるのではなく、穴を掘《ほ》って埋《う》めたのを、私はニュースで目撃《もくげき》しています。埋めてしまったので、遺族は遺体を引き取ることすらできなかったのです。そういう国であることを、見てしまいました。

要するに、「為政者《いせいしゃ》側、支配者側の落ち度は徹底《てってい》して隠《かく》すし、知らしむべからず」というところを見たのです。

「どちらがよいか悪いか」という考えもあるとは思うものの、少なくとも、基本的人権については、日本のほうが保護されているようには見えます。偏見《へんけん》を持って見なければ、そのようになるのではないでしょうか。

いずれにしても、（朴大統領の守護霊ということで）おおむね間違《まちが》いはないようです。

今後、安倍《あべ》政権下で、これが、どういうふうに動いてくるかは分かりませんが、李《り》登輝《とうき》さんの守護霊霊言（前掲《ぜんけい》『日本よ、国家たれ！　元台湾《たいわん》総統　李登輝守護霊　魂《たましい》のメッセージ』参照）も、かなり堪《こた》えるはずです。

綾織　そうですね。

大川隆法　とにかく、何かが動いて、落ち着くべきところに落ち着いてくるでしょう。

あとがき

私は決して国粋主義的に各国の正邪を判断してはいない。「世界性」と「普遍性」を常に念頭に置いて「真実とは何か」「何が正しいのか」を考えるようにしている。右翼の戦車まがいの街宣車《がいせんしゃ》を見てはゲンナリし、左翼のワンパターンの教条主義《きょうじょうしゅぎ》にもホトホトあきれている。

朴・現大統領に申し上げたいことは、お父様の大統領は立派な方であったと尊敬している日本人はたくさんおり、私もそのうちの一人であるということ。韓国人を敵視しておらず、友人になりたいと考えている日本人も多いことを知ってほしいこと。そして大統領の特権で、民族の未来を暗いものに変えることが民主主義には合致していないということである。

一部の偽善的な日本の知識人にだまされてはならない。韓国に対しても厳しいことを言ってくれる日本人こそ、真の友人だということに、はやく気づいてほしい。

二〇一四年　二月二十二日

幸福《こうふく》の科学《かがく》グループ創始者兼総裁《そうししゃけんそうさい》　大川隆法《おおかわりゅうほう》

『守護霊インタビュー 朴槿恵韓国大統領 なぜ、私は「反日」なのか』

大川隆法著作関連書籍

『守護霊インタビュー 駐日アメリカ大使キャロライン・ケネディ 日米の新たな架け橋』（幸福の科学出版刊）

『日本よ、国家たれ！ 元台湾総統 李登輝守護霊 魂のメッセージ』（同右）

『安重根は韓国の英雄か、それとも悪魔か』（同右）

『北朝鮮の未来透視に挑戦する』（同右）

『「河野談話」「村山談話」を斬る！』（同右）

『朝日新聞はまだ反日か』（同右）

『宗教決断の時代』（同右）

『軍師・黒田官兵衛の霊言』（同右）

『守護霊インタビュー タイ・インラック首相から日本へのメッセージ』（同右）

『「首相公邸の幽霊」の正体』（同右）
『ＮＨＫ新会長・籾井勝人守護霊 本音トーク・スペシャル』（同右）
『マルクス・毛沢東のスピリチュアル・メッセージ』（同右）
『潘基文国連事務総長の守護霊インタビュー』（同右）
『韓国 朴正煕元大統領の霊言』（幸福実現党刊）
『神に誓って「従軍慰安婦」は実在したか』（同右）

守護霊《しゅごれい》インタビュー
朴槿恵《パククネ》韓国大統領《かんこくだいとうりょう》 なぜ、私《わたし》は「反日《はんにち》」なのか

2014年3月6日　初版第1刷

著者　大《おお》川《かわ》隆《りゅう》法《ほう》

発行所　幸福の科学出版株式会社

〒107-0052 東京都港区赤坂2丁目10番14号
TEL(03)5573-7700
http://www.irhpress.co.jp/

印刷・製本　株式会社 堀内印刷所

落丁・乱丁本はおとりかえいたします

ISBN978-4-86395-445-8 C0030
写真：近現代PL/アフロ　Landov/アフロ　Yonhap/アフロ
The Saenuri Party/ロイター/アフロ　時事

大川隆法 霊言シリーズ・最新刊

魅せる技術
女優・菅野美穂 守護霊メッセージ

どんな役も変幻自在に演じる演技派女優・菅野美穂──。人を惹きつける秘訣や堺雅人との結婚秘話など、その知られざる素顔を守護霊が明かす。

1,400円

日本よ、国家たれ!
元台湾総統 李登輝守護霊
魂のメッセージ

「歴史の生き証人」李登輝・元台湾総統の守護霊が、「日本統治時代の真実」と「先の大戦の真相」を激白! その熱きメッセージをすべての日本人に。

1,400円

守護霊インタビュー
駐日アメリカ大使
キャロライン・ケネディ
日米の新たな架け橋

先の大戦、歴史問題、JFK暗殺の真相……。親日派とされるケネディ駐日米国大使の守護霊が語る、日本への思いと日米の未来。

1,400円

※表示価格は本体価格(税別)です。

大川隆法霊言シリーズ・最新刊

クローズアップ 国谷裕子キャスター

ＮＨＫの〝看板〟を霊査する

ＮＨＫは公正中立な「現代を映す鏡」なのか？「クローズアップ現代」国谷キャスターの知られざる本心に迫る。衝撃の過去世も次々と明らかに！

1,400円

軍師・黒田官兵衛の霊言

「歴史の真相」と「日本再生、逆転の秘術」

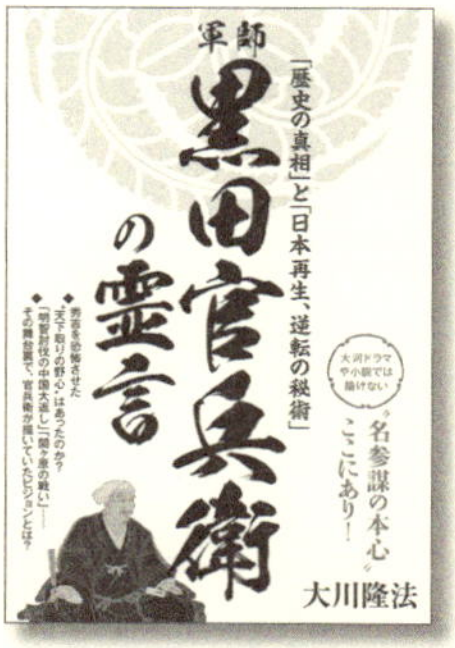

大河ドラマや小説では描けない、秀吉の天下獲りを支えた天才軍師の実像が明らかに！ その鋭い戦略眼が現代日本の行く末を読む。

1,400円

なぜ私は戦い続けられるのか

櫻井よしこの守護霊インタビュー

「日本が嫌いならば、日本人であることを捨てなさい！」日本を代表する保守論客の守護霊が語る愛国の精神と警世の熱き思い。

1,400円

幸福の科学出版

大川隆法霊言シリーズ・韓国の思惑を探る

潘基文《バンキムン》国連事務総長の守護霊インタビュー

英語霊言
日本語訳付き

「私が考えているのは、韓国の利益だけだ。次は、韓国の大統領になる」——。国連トップ・潘氏守護霊が明かす、その驚くべき本心とは。

1,400円

安重根は韓国の英雄か、それとも悪魔か

安重根 & 朴槿惠《パククネ》大統領守護霊の霊言

なぜ韓国は、中国にすり寄るのか？従軍慰安婦の次は、安重根像の設置を打ち出す朴槿惠・韓国大統領の恐るべき真意が明らかに。

1,400円

神に誓って「従軍慰安婦」は実在したか

いまこそ、「歴史認識」というウソの連鎖を断つ！ 元従軍慰安婦を名乗る2人の守護霊インタビューを敢行！ 慰安婦問題に隠された驚くべき陰謀とは!?

【幸福実現党刊】

1,400円

※表示価格は本体価格（税別）です。

大川隆法 霊言シリーズ・緊迫する東アジア情勢を読む

中国と習近平に未来はあるか

反日デモの謎を解く

「反日デモ」も、「反原発・沖縄基地問題」も中国が仕組んだ日本占領への布石だった。緊迫する日中関係の未来を習近平氏守護霊に問う。
【幸福実現党刊】

1,400円

北朝鮮の未来透視に挑戦する

エドガー・ケイシー リーディング

「第2次朝鮮戦争」勃発か!? 核保有国となった北朝鮮と、その挑発に乗った韓国が激突。地獄に堕ちた"建国の父"金日成の霊言も同時収録。

1,400円

守護霊インタビュー 金正恩《キムジョンウン》の本心直撃!

ミサイルの発射の時期から、日米中韓への軍事戦略、中国人民解放軍との関係――。北朝鮮指導者の狙いがついに明らかになる。
【幸福実現党刊】

1,400円

大川隆法 ベストセラーズ・「幸福の科学大学」が目指すもの

新しき大学の理念

「幸福の科学大学」がめざす
ニュー・フロンティア

2015年、開学予定の「幸福の科学大学」。日本の大学教育に新風を吹き込む「新時代の教育理念」とは？ 創立者・大川隆法が、そのビジョンを語る。

1,400円

「経営成功学」とは何か

百戦百勝の新しい経営学

経営者を育てない日本の経営学!? アメリカをダメにしたMBA——!? 幸福の科学大学の「経営成功学」に託された経営哲学のニュー・フロンティアとは。

1,500円

「人間幸福学」とは何か

人類の幸福を探究する新学問

「人間の幸福」という観点から、あらゆる学問を再検証し、再構築する——。数千年の未来に向けて開かれていく学問の源流がここにある。

1,500円

「未来産業学」とは何か

未来文明の源流を創造する

新しい産業への挑戦——「ありえない」を、「ありうる」に変える！ 未来文明の源流となる分野を研究し、人類の進化とユートピア建設を目指す。

1,500円

※表示価格は本体価格（税別）です。

幸福の科学グループのご案内

宗教、教育、政治、出版などの活動を通じて、地球的ユートピアの実現を目指しています。

宗教法人　幸福の科学

一九八六年に立宗。一九九一年に宗教法人格を取得。信仰の対象は、地球系霊団の最高大霊、主エル・カンターレ。世界百カ国以上の国々に信者を持ち、全人類救済という尊い使命のもと、信者は、「愛」と「悟り」と「ユートピア建設」の教えの実践、伝道に励んでいます。

（二〇一四年三月現在）

愛

幸福の科学の「愛」とは、与える愛です。これは、仏教の慈悲《じひ》や布施《ふせ》の精神と同じことです。信者は、仏法真理をお伝えすることを通して、多くの方に幸福な人生を送っていただくための活動に励んでいます。

悟り

「悟り」とは、自らが仏の子であることを知るということです。教学《きょうがく》や精神統一によって心を磨き、智慧《ちえ》を得て悩みを解決すると共に、天使・菩薩《ぼさつ》の境地を目指し、より多くの人を救える力を身につけていきます。

ユートピア建設

私たち人間は、地上に理想世界を建設するという尊い使命を持って生まれてきています。社会の悪を押しとどめ、善を推し進めるために、信者はさまざまな活動に積極的に参加しています。

海外支援・災害支援

国内外の世界で貧困や災害、心の病で苦しんでいる人々に対しては、現地メンバーや支援団体と連携して、物心両面にわたり、あらゆる手段で手を差し伸べています。

自殺を減らそうキャンペーン

年間約３万人の自殺者を減らすため、全国各地で街頭キャンペーンを展開しています。

公式サイト **www.withyou-hs.net**

ヘレンの会

ヘレン・ケラーを理想として活動する、ハンディキャップを持つ方とボランティアの会です。視聴覚障害者、肢体不自由な方々に仏法真理を学んでいただくための、さまざまなサポートをしています。

公式サイト **www.helen-hs.net**

教育

学校法人 幸福の科学学園

学校法人 幸福の科学学園は、幸福の科学の教育理念のもとにつくられた教育機関です。人間にとって最も大切な宗教教育の導入を通じて精神性を高めながら、ユートピア建設に貢献する人材輩出を目指しています。

幸福の科学学園

中学校・高等学校（那須本校）

2010年4月開校・栃木県那須郡（男女共学・全寮制）

TEL 0287-75-7777

公式サイト happy-science.ac.jp

関西中学校・高等学校（関西校）

2013年4月開校・滋賀県大津市（男女共学・寮及び通学）

TEL 077-573-7774

公式サイト kansai.happy-science.ac.jp

幸福の科学大学（仮称・設置認可申請予定）

2015年開学予定

TEL 03-6277-7248（幸福の科学 大学準備室）

公式サイト university.happy-science.jp

仏法真理塾「サクセスNo.1」 TEL 03-5750-0747（東京本校）

小・中・高校生が、信仰教育を基礎にしながら、「勉強も『心の修行』」と考えて学んでいます。

不登校児支援スクール「ネバー・マインド」 TEL 03-5750-1741

心の面からのアプローチを重視して、不登校の子供たちを支援しています。
また、障害児支援の「**ユー・アー・エンゼル!**」運動も行っています。

エンゼルプランV TEL 03-5750-0757

幼少時からの心の教育を大切にして、信仰をベースにした幼児教育を行っています。

シニア・プラン21 TEL 03-6384-0778

希望に満ちた生涯現役人生のために、年齢を問わず、多くの方が学んでいます。

NPO 活動支援

いじめから子供を守ろう!ネットワーク

学校からのいじめ追放を目指し、さまざまな社会提言をしています。また、各地でのシンポジウムや学校への啓発ポスター掲示等に取り組むNPO「いじめから子供を守ろう！ネットワーク」を支援しています。

公式サイト mamoro.org

相談窓口 TEL.03-5719-2170

ブログ mamoro.blog86.fc2.com

政治

幸福実現党

内《ない》憂《ゆう》外《がい》患《かん》の国難に立ち向かうべく、二〇〇九年五月に幸福実現党を立党しました。創立者である大川隆法党総裁の精神的指導のもと、宗教だけでは解決できない問題に取り組み、幸福を具体化するための力になっています。

党員の機関紙
「幸福実現NEWS」

TEL 03-6441-0754
公式サイト hr-party.jp

出版メディア事業

幸福の科学出版

大川隆法総裁の仏法真理の書を中心に、ビジネス、自己啓発、小説など、さまざまなジャンルの書籍・雑誌を出版しています。他にも、映画事業、文学・学術発展のための振興事業、テレビ・ラジオ番組の提供など、幸福の科学文化を広げる事業を行っています。

アー・ユー・ハッピー？
are-you-happy.com

ザ・リバティ
the-liberty.com

幸福の科学出版
TEL 03-5573-7700
公式サイト irhpress.co.jp

THE FACT

ザ・ファクト
マスコミが報道しない
「事実」を世界に伝える
ネット・オピニオン番組

Youtubeにて
随時好評配信中！

ザ・ファクト　検索